学点法律，避点坑

有趣有料的法律科普（新版）

隋兵——著

清華大學出版社
北 京

图书在版编目(CIP)数据

学点法律，避点坑：有趣有料的法律科普：新版 / 隋兵著 . —北京：清华大学出版社，2021.10

ISBN 978-7-302-58870-2

Ⅰ . ①学… Ⅱ . ①隋… Ⅲ . ①法律－中国－普及读物 Ⅳ . ① D920.5

中国版本图书馆 CIP 数据核字 (2021) 第 159577 号

责任编辑： 顾 强
装帧设计： 方加青
责任校对： 王荣静
责任印制： 丛怀宇

出版发行： 清华大学出版社
网 址： http：//www.tup.com.cn，http：//www.wqbook.com
地 址： 北京清华大学学研大厦 A 座 **邮 编：** 100084
社 总 机： 010-62770175 **邮 购：** 010-62786544
投稿与读者服务： 010-62776969，c-service@tup.tsinghua.edu.cn
质 量 反 馈： 010-62772015，zhiliang@tup.tsinghua.edu.cn
印 装 者： 三河市国英印务有限公司
经 销： 全国新华书店
开 本： 148mm×210mm **印 张：** 9 **字 数：** 170 千字
版 次： 2021 年 10 月第 1 版 **印 次：** 2021 年 10 月第 1 次印刷
定 价： 66.00 元

产品编号：093179-01

序言

很早以前我就萌生了这样的念头，写一本“不一样”的法律科普。

在下笔之前，我搜集了数十本同类型的书籍，一本一本地仔细研究。这些书籍的作者有些是资深律师，有些是知名学者，不得不说每一本著作都有自己的亮点，也都是非常有价值的。但是读完这么多法律科普后，我最大的感受却还是工具书的“冰冷”。

晦涩的法律条文堆砌，让人读完还是云里雾里。

照本宣科式的普法，让人遇事还是手足无措。

阐明了法律规定，但是常识与法律的冲突还是没有化解。

发现了这些问题，我心目中的法律科普已经成型了，它一定不能是“冰冷”的，而是要“有温度”的。

首先，在选题上我花了很大功夫。为了避免“法律百问”“一千个法律问题”这样广撒网但不实用的做法，我借助工具对公开判决文书网上的案由进行了大数据分析，选择了大量占比较高，同时大家又十分关切的法律问题。例如：租房碰到黑中介怎么办？被“炒鱿鱼”还能够发笔小财？正确的借钱方式是怎么样的？诸如此类。希望能够最大程度解决大家的法律痛点。

其次，在内容上，本书尽量做到通俗易懂。在写作的过程中，我花了很多时间把难懂的法律条文掰开、揉碎变成大白话表达出来。同时借助分析一些脑洞大开的案例，让大家进入法律的应用场景。当然，在整体的语言风格上，我的想法是要保持轻松、幽默。在这样的理念指导下，我在写作的时候也是在“正经”法律读物能够承受的边缘不断地试探。

再次，为了解决以往的法律读物没法解决的实操问题，在本书中的绝大多数话题里，我花了大量篇幅制定出了实操指南。比如，在“碰到老赖怎么破？”一文中，我把对付老赖的绝招利器——财产保全、先予执行、限高令等措施如何申请、使用都一一做了阐述；在“熊孩子乱花钱怎么要回来？”一文中，我列举了七种方法，用于家长准备证据起诉。力求让大家就像拿着一本说明书一样，轻松上手，学会维权。

最后，这本书还有一个鲜明的特色，就是本书的第一章，第一章的内容是公众一直诟病或者不理解的法律“漏洞”。对，就是平常你看到新闻后可能会嘀咕“怎么会有这种法律”的那种“漏洞”。在第一章的内容里，我会向大家解释人贩子没有一律判死刑背后的法律价值，发达国家可以毒品合法化的背后原因以及法律中明显存在的“不平等”现象，等等。如果你也是一个喜欢打破砂锅问到底的“好奇宝宝”，那么第一章的内容一定会吸引你。

曾有幸和几位朋友在一百多家媒体面前进行过一场关于“知识鸿沟”的对谈。谈及法律行业，我说：“法律是一个看上去门槛很低，但实际上门槛很高的领域。”虽然法律里的条文大家都认识，但是它们组合在一起的真实意思，很多人就不一定能完全理解。写完这本书，我觉得很高兴也很欣慰，因为我的这份努力，或许会向更多人传播一些正确、实用的法律知识，帮助更多人揭示一些法律逻辑，弥合一些法律误会，解决一些法律问题。我想这也是对法律“知识鸿沟”的一种填补吧。

隋兵

2020年8月30日于上海寓所

目录

第一章 “不近人情”的法律规定：这些真的都是法律漏洞吗？

人贩子为何不一律判死刑？……2

“疑罪从无”是让坏人逍遥法外吗？……6

知识产权制度是让少数人合法地“垄断”知识吗？……9

破产制度是老赖“逃债”的利器吗？……12

程序正义有价值吗？为什么宁可结果错误也要程序合法？……15

幼童、精神病患者杀人为什么不处罚？……18

打官司不包赢，是因为律师“黑心”吗？……21

大麻是毒品，为什么在有些国家也能“合法化”？……24

自己的身体自己不能做主？法律为什么要限制你“自残”？……27

法律对财产的保护真的是平等的吗？……30

第二章 财产保险箱：学点法律避点坑，懂点法律止点损

你的借条为什么无效？ …… 34
律师借钱为什么从来不给现金？ …… 40
碰到“教科书式的耍赖”怎么办？ …… 43
游戏账号是财产吗？怎么转让、继承和赠与？ …… 49
民法上“限制行为能力”是什么？“熊孩子”乱花钱能追回吗？ … 53
什么叫不当得利？账户里突然多出了钱要怎么处理？ …… 57
官司还没打完钱就拿到了？哪些情况可以申请“先予执行”？ 61
花式抄袭有多可恶？被抄袭了怎么让对方赔钱？ …… 64
有“免费请律师”的好事吗？哪些情况下别人帮你出律师费？ 68
给人做担保只是签个字那么简单吗？因为担保变得一贫如洗真的只是传说吗？ …… 74

第三章 用法律保护自己：没有肌肉也可以很强势

正当防卫的正确姿势是怎样的？ …… 80
如何有效处理网络暴力？ …… 84
怎样稳妥地向警察表示“我的律师马上就到”？ …… 88

“能动手尽量别吵吵”这句话对不对？打人的成本到底有多高？… 92
法定代表人好不好当？身份证被人冒用注册公司怎么办？…… 97
当群主也会引火上身？群主怎么自我保护？……100
什么样的伤害可以主张精神损失赔偿？……104
讨债有理，绑人合法吗？……108

第四章 家庭法律观：给日常琐事一把法律的标尺

孩子叫“王者荣耀”可以，叫“塞外女侠”为什么不行？……112
女友结婚了，新郎不是你，送她的钻石项链还能要回来吗？··116
怎么合法地让渣男、渣女“净身出户”？……119
当军属有荣耀也有风险，军婚为什么不好离？……124
“女友和妈妈掉进河里先救谁”的标准答案是什么？答错了要坐牢？……127
言语暴力、冷暴力属于家暴吗？遭遇家暴该怎么办？……130
法律也有道德标准？婚姻第三者继承、包养协议都合法吗？··133
齐人之福能享吗？婚外情也有可能犯罪？……136
“渣男病”也有可能涉嫌犯罪？女性遇到渣男胁迫怎么办？··139
“父债子还”合理吗？哪些情况下可以“父债子还”？……143
你知道遗嘱这么容易无效吗？哪种方式立遗嘱快捷又保险？··146

同居真的没成本吗？为什么有人同居后摊上了巨额债务？……150
认定强奸真的只看女性怎么说吗？被人诬陷强奸怎么办？……153

第五章 职场法律手册：求职不等于卖身，这些事你应该知道

什么情况下被开除了还能“发笔小财”？……160
老板跑路了怎么办？合法讨薪怎么做最有效？……164
上班族也有“丹书铁券”？哪些人无法被开除？……167
职场性骚扰有多普遍？遭遇性骚扰该怎么办？……171
试用期员工就低人一等？试用期能随意解聘吗？……174
公司里也有“铁饭碗”？无固定期限劳动合同怎么签？……178
《劳动法》有没有盲区？哪些劳动群体不受劳动法保护？……182
社保是员工福利吗？单位不缴纳社保该怎么维权？……185
“迟到罚款”合法吗？单位的“变相罚款”还有哪些招数？……188
工伤如何认定？下班途中买菜出事也算工伤？……191
发生劳动争议能直接起诉吗？劳动仲裁是怎么回事？……195
共同犯罪的打击面有多大？公司经营涉嫌犯罪，员工都该被抓吗？……198

第六章 消费者保护和维权：不惹事也不怕事

怎么对付任性商家的“霸王条款”？……204
维权也有保质期？……208
碰到商家的哪些不法行为就发财了？……211
健身房、理发店卷款跑路，会员卡里的钱怎么要回来？……214
饭店里的哪些“野味”真心不能吃？……217
骑电动车也算酒驾？什么样的电动车“享受”机动车待遇？……220
乱骑共享单车有哪些法律风险？……223
“限时不取，快递退回”合法吗？收件人应该怎么应对？……227
起诉黑心商家怕路远？打官司能不能挑个法院？……232
职业打假人风光依旧吗？法院对知假买假是什么态度？……236

第七章 住房那些事：没有硝烟的家园保卫战

房东换了，房子还能不能继续住？……242
开发商保证的泳池、花园都没了，怎么维权？……245
房价上涨了，房东不卖了，可以让他赔多少？……248
被限购了怎么办？借名买房如何保障周全？……252

小产权房为何那么便宜？买小产权房的最大风险是什么？……255
房子被群租，法律风险原来这么大？……258
买房中的“阴阳合同”是什么？“阴阳合同”可能坏大事？…262
租房碰到黑中介，除了哭还可以做什么？……266
合租也有这么多坑？怎么避免吃亏上当？……269
租房合同有多重要？签订租房合同要注意哪些事？……272

只要是人为设计的东西就难免有瑕疵，计算机程序会出故障，机械设备会掉链子，火箭发射都会出偏差，那同样是人为制定的法律也不会完美无瑕吧？确实，浩如烟海的法律条文里也存在漏洞，而且并不罕见，但对法律漏洞“挑刺”的过程却着实是个“技术活”。除了头发花白的法学家在放大镜下找出来的，以及实务一线的法官、律师以身试法“试”出来的外，还有大量违背大众感情的“漏洞”经常被讨论。例如，刑罚太轻，人贩子不判死刑；证据规则不合理，放纵了恶人；等等。吃瓜群众都能轻易指出纰漏，为什么立法者们熟视无睹？法律真的是漏洞百出，还是在下一盘大棋？在本章的内容中，我们将一起讨论。

第一章

“不近人情”的法律规定：

这些真的都是法律漏洞吗？

人贩子为何不一律判死刑？

不久前，一张疑似“被拐”儿童的照片在朋友圈里疯传：灰黑色的背景里，楚楚可怜的男孩嘴唇微张、目光呆滞，两行眼泪滑落脸颊。照片的正下方，一行红字赫然在目——“贩卖儿童者，一律死刑！”男孩的肖像和极具感染性的口号瞬间引燃了大众的怒火，网友们纷纷转发图片并表达困惑：“人贩子如此可恨，为什么不一律判处死刑？”

人贩子让家庭破碎、妻离子散，令人深恶痛绝，“一律死刑”的口号也着实大快人心，博得了众多认同。但是，回过头来仔细想想，简单粗暴的“一刀切”真的能够杜绝拐卖人口的犯罪行为吗？法律“刀下留人”的规定有没有背后的深意？恐怕这些都值得进一步讨论。

实际上，我国法律规定拐卖儿童罪的最高刑已经达到了死刑，只不过死刑的适用是有条件的。

根据法律规定，当人贩子的罪行特别严重时，法律可以对他们判处死刑。2001 年，云南省高级人民法院就曾对一起特大拐卖儿童的团伙犯罪案件进行判决，69 名犯罪分

法律条文

《中华人民共和国刑法》第二百四十条规定：“拐卖妇女、儿童的，处五年以上十年以下有期徒刑，并处罚金；有下列情形之一的，处十年以上有期徒刑或者无期徒刑，并处罚金或者没收财产；情节特别严重的，**处死刑**，并处没收财产。”

子中有3人被依法判处死刑。除此之外，其余的66名犯罪分子，由于罪行轻重不同，分别被处以死缓、无期徒刑等刑罚。这样的处罚无疑也是非常严厉的，但显然，与大众的诉求——“一律死刑”还存在一定差距。

不得不说的是，法律的制定和实施不但要经过反复的论证、研讨、调研，还要征集各方意见，其运转过程堪比一台精密仪器。立法、司法者对“一律死刑”的熟视无睹，其实并不是一种放纵，而是有高瞻远瞩的深意。

如果不分轻重一律死刑，那么人贩子可能会产生更加邪恶的想法：

“反正拐一个也是死，拐两个也是死，那就多拐几个吧，赚够本。

反正拐了人就死刑，打死几个、打残几个也就无所谓了。

既然拐了人就死刑，就是死也要抵抗到底，绝对不能被抓。”

这些心态一旦变为现实，对应后果将会是：拐卖人口一类的犯罪再也不会存在偶犯，绝大多数人贩子将终身以此为业；被拐的儿童、妇女将更有可能被杀害、强奸，人贩子再也不会有太多顾虑；人贩子违法成本比毒品犯罪还要高，那么武装拒捕可能也就不只是想象了。

反观之，在现行法律规定下，轻重有别的处罚措施至少给了已经违法的人贩子一些正向的指引。例如，不要再加害被拐卖的妇女、儿童，否则要被加重刑罚；犯罪行为被发现时不要负隅顽抗，因为罪不至死；误入歧途的人贩子还是可以悬崖勒马的，法律毕竟不会赶尽杀绝；等等。这些潜在正向因素虽然同样无法杜绝拐卖人口犯罪，但是毫无疑问可以避免更多的恶。

两相对比，不难发现，重刑主义不但无法解决拐卖人口问题，而且还会带来一系列副作用。真正要解决人口贩卖的问题还须从两方面入手：

1. 不断加强执法力度。贝卡利亚曾说“刑罚的威慑力不在于刑罚的严酷，而在于其不可避免”。这句话其实可以这么理解：不确定会发生的刑罚，即便是死刑，也并不那么可怕。只有真正做到了“伸手必被抓”，才会增加犯罪人的心理成本，产生强大的威慑力，从而有效杜绝犯罪。

2. 严控需求端。拐卖儿童的行为如果放在经济学层面去讨论，还是需求决定市场。正因为社会上存在收买儿童的大量需求，人贩子才会铤而走险。因此要杜绝这一行为，恐怕还是要从需求端出发，严控收买行为。同时完善合法收养机制，将违法收买的需求向合法渠道引导。

类似“贩卖儿童一律死刑”的“标题党”还有很多，“强奸妇女者一律阉割”“杀人放火者一律偿命”“坑蒙拐骗者一律剁手”等，下次再看到类似标题的文章，你还会毫不犹豫地转发吗？

“疑罪从无”是让坏人逍遥法外吗？

有人说，现代法律里最大的漏洞就是“疑罪从无”。因为它，坏人得以逍遥法外。

“疑罪从无”是指在刑事诉讼过程中，一旦出现既不能排除犯罪嫌疑又不能证明有罪的两难情况时，从法律上推定为无罪的处理规则。听起来好像很深奥，换种说法就很接地气了，说白了就是**“宁可错放，不可错判”**。

最著名的“放纵犯罪”的案例就是美国的辛普森杀妻案。

辛普森（O.J Simpson）是美国著名的橄榄球运动员，案发前可以说在业界炙手可热。然而，1994年6月12日的深夜，有人在辛普森位于西洛杉矶的豪宅门口发现了两具尸体，其中一具就是辛普森的妻子。警察在后续的调查中，在凶杀现场发现了沾有辛普森血迹的手套、辛普森的血脚印，还在辛普森的卧室发现了他带血的袜子等，在诸多铁证面前，辛普森被列为杀妻的第一嫌疑人，并最终接受了法庭的审判。然而，庭审过程中，检方指控辛普森的证据中被发现存在很多瑕疵，例如，辛普森的大手很难戴进血手套里，案发现场的血滴形状都十分均匀、完整等，这些证据中的瑕疵被辩护律师无限放大，最终辛普森被宣判无罪，当庭释放。

在舆论纷纷认定辛普森是凶手的情况下，法庭根据“疑罪从无”的原则，通过陪审团最终做出了相反的判决，让人大跌眼镜。看到这里，想必大家都会觉得“疑罪从无”真是一个碍事又让人不解的漏洞。但到底是不是漏洞，先按下不表。

与“疑罪从无”相对的，**古代法律里也有一个所谓的漏洞，就是“刑讯逼供”**。因为它，无数好人被屈打成招。

在古代，刑讯逼供是合法的，甚至还是司法的必要环节。最著名的就是《唐律·断狱》，其中规定：“应讯囚者，必先以情，审查辞理，反复参验，犹未能决，事须讯问者，立案同判，然后拷讯……诸拷囚不得过三度，数总不得过二百……”意思就是案子来了先审审看，审不出来就可以撸袖子开打了，还规定了打人可以，但次数不能过三，总数不能过二百，看起来好像残暴中又不失温情。

那么这么大的两个惊天漏洞，为什么不补一补呢？是古代人缺乏智慧还是现代人不明事理呢？

让我们回顾一下法律的定义。每个学法律的人，第一课必定都是“法理学”，在法理学的教材第一章“法律的定义”中，赫然印着几个大字：**法律是统治阶级意志的体现**。这恐怕才是解开谜底的关键。

在古代，刑侦手段落后，既没有监控摄像头，也没有网上追逃、手机监听、卫星定位等技术手段，在那个年代，坏人的违法成本非常低。不管是落草为寇，还是杀人越货，只要不被抓现行，换个地方隐姓埋名“又是一条好汉”。所以在当时，打击犯罪、维护秩序是统治者的第一要务。为了起到震慑作用，冤枉个把人，社会效应也是正面的。而到了现代，刑侦手段有了极大进步，这个时候当政者就会选择宁可放纵十人也不冤枉一个，因为冤枉一个人的社会损失造成的影响远大于放纵十个罪犯。即便真的有穷凶极恶、给社会造成恶劣影响的罪犯出现，如果不计成本地使用现代刑侦手段追查，罪犯基本不能逃脱。所以，在现代，“宁可少杀，不可错杀”的社会效益也是正面的。

看来，法律的制定是和时代、科技水平、社会发展程度密不可分的，被我们误解的“疑罪从无”实则有着更深层意义的社会公共管理的需要，从这个层面上讲，法律真的很委屈。

知识产权制度是让少数人合法地“垄断”知识吗？

“知识产权”（Intellectual Property）一词是个“舶来品”，最早于 17 世纪中叶由法国学者卡普佐夫提出，随着世界知识产权组织的成立，“知识产权”一词才在世界范围内广泛应用。它的定义是“人对自己智力劳动成果享有的权利”，在我国台湾地区也被称为“智慧财产权”。一般意义上的知识产权多指著作权、专利权、商标权等。

“知识产权”听起来很高大上，感觉上很深奥，看上去又很遥远，实际上却离我们很近。在自媒体时代，你精心编写的一条微博、一篇小杂文，甚至是上传朋友圈的照片，很多都可以被定义为作品，你都享有对它们的知识产权。

但是，这些所谓的作品并没有让我们成为比尔·盖茨一样的巨富，也没能成为像 J.K. 罗琳一样的名人。反倒是我们使用微软的软件产品、看《哈利·波特》小说时必须支付让人肉疼的费用。这种通过“掌控知识”汇集财富和名气的做法，永远都只是少数人的特权。因而，很多人都对知识产权制度发出了质疑的声音，知识产权是让少数人

“垄断”知识吗？

实际上，这是一种误解。

现代的知识产权制度，最核心的一个特点就是“公开”。科研人员攻克了技术难题，需要转化为商品，但要想不被恶意利用或者剽窃，就必须要申请专利；作家、画家精心创作的作品，也要通过向公众发行的方式获得大家的认可。在这个过程中，不管是专利的技术细节也好，还是作品的内容也好，都免不了向大众披露。

如果你是一个科研人员，百思不得其解的技术难关一直无法攻破，那么查询别人的专利细节后，可能会茅塞顿开；如果你是一个哲学爱好者，困扰多时的理论问题无人解答，翻阅了别人出版的著作后，也许就会顿悟。从这个意义上来说，知识产权的“公开性”不但没有让少数人垄断知识，反而是强迫他们向社会共享知识。

这时肯定会有人跳出来反对了，要使用别人的专利，要买别人的书看，难道不要花钱吗？这不也是一种对知识的限制吗？这个问题就要一分为二地看待。

一方面，要借鉴别人的知识成果，不一定都要花钱。我国的《著作权法》规定，为个人学习、研究或者欣赏、使用他人已经发表的作品的，可以不向著作权人支付费用；我国的《著作权法》《商标法》《专利法》也规定，专为科学研究和实验而使用有关专利的，也属法律允许的范畴。上述规定以及其他一些法律条文，构成了我国的知识产权

“合理使用”制度，即在特定情形下可以“免费使用”他人的作品。

当然，法律规定是好的，但是要想学习和研究别人的成果，先要有机会免费获取这些信息，不是吗？这里不得不提的就是，遍布全国的高校图书馆、公立图书馆等储藏了大量的书籍，为的就是能够让大众可以免费获得知识；国家知识产权局网站上也公布了大量专利的技术文件，任何人都可以打开浏览、研究。在知识、信息的获取渠道上，大门已经敞开，只等你跨进来。

另一方面，如果要对别人的知识产权进行商业利用，确实需要付出代价，但这种代价不仅是为了犒赏知识产权人，更是为了激励智慧创造。

如果利用他人的知识产权谋利，则必须获得知识产权人的同意，大多数情况下还要支付报酬。正是由于法律赋予了知识产权人这种获取报酬的权利，才造就了一大批赚得盆满钵满的技术巨头、知名作家和歌手。对于他们来说，获取报酬是对他们经年累月的辛勤研发、勤学苦练的最佳犒赏。对于社会大众来说，这些成功人士的例子，又会加倍放大智慧创造的财富效应，更多的人为了得到同样的财富，会投身创造、科研，无形中激励了整个社会的创新，推动了整个社会科技、文化的进步。

试想，如果是你辛勤劳动创造出来的成果，任何人都可以随意拿去出售、牟利，那你还有继续创新的动力吗？通过有偿使用形成榜样效应，才是激励创新的最佳手段。

破产制度是老赖“逃债”的利器吗？

见诸报端的破产事件有很多，大多是负面消息。这类故事大体都是：某企业经营不善，申请破产，债权人索债无门，血汗钱打了水漂，大量员工忙活一年拿不到报酬，欲哭无泪。而这些企业的经营者，往往改头换面，过两年又成为成功企业家，留下的只是无人善后的一地鸡毛。

经济不景气时，类似的情况高频发生，甚至形成了套路，被某些别有用心的老赖用作逃避债务的利器。从一首曾在互联网上传唱的歌曲，就能看出老百姓对破产企业的看法：“江南皮革厂倒闭了，老板带着小姨子跑路了……”

不得不说，和其他法律制度一样，破产制度不可能是完美无瑕的，也会有一些心怀不轨的人通过各种途径钻法律的空子。但是，既然法律设立了破产制度并且在世界范围内运行多年，经过大浪淘沙却没有逐波而逝，是不是说明它还是有一定的积极意义？

在没有“破产”的年代，有一个词叫“父债子还”，这种观念一度大行其道。虽然大多数人都没有经历过那段时间，但在电视剧、电影里经常会看到类似的桥段：几个五大三粗的债主，一把揪住欠债人的儿子，大声吼道：“你老爸欠的钱怎么还不还？”然后一顿拳打脚踢。更过分的，可以看看黄世仁的经典台词：“没钱，就拿喜儿抵债。”在那时，如果不幸投胎成为“负二代”，可能要背负子子孙孙无穷尽的还债压力，可以说是永无翻身之日。

当然，欠债不还或者没有能力还，毕竟还是理亏的，这也是“父债子还”曾经大有市场的原因。那么在现代社会，债务继受和继承制度已经免除了“父债子还”的风险，我们也没有了背负父债的压力，那么破产制度岂不就只剩逃避债务的功能了？

这里要引出另一个概念——“止损”。顾名思义，当发现一项投资或者一次创业已经开始走向万劫不复的深渊时，任何一个理性的人都会选择第一时间抽身而退，把损失降到最低，这就是止损。企业经营中也是这样的，如果你是一家企业的债权人，当你发现这家企业已经经营恶化，资产不断减少，逐渐变成无底洞时，肯定会想劝阻这家企业不要再一错再错，把自己的钱尽可能多地要回来。这时，如果没有破产制度，就只能通过起诉，经历漫长的周期追回属于自己的资金。而在这个过程中，债务人企业可能已经亏得一文不剩了，也有可能为了逃避债务恶意掏空了企业资产，债权人最终“竹篮打水一场空”。但如果借助破产制度，在企业经营出现资不抵债的苗头时，由法院指定破产管理人，直接接管企业，则可以避免上述风险，更好地维护债权人的利益。

而且，破产制度的结局并非只有终结经营这一条路。在世界范围内的破产制度中，都有“破产重整”一说。简单来讲就是目标企业虽然经营不善，但是行业前景或者行业优势还在，存在重生的希望。此时，在法院的主持下，各个相关方与债务人达成一致，共同帮助企业恢复经营，在企业重新盈利后，拿回自己的钱，实现双赢。

除了止损的价值和重生的希望外，如果从社会整体层面考虑，破产制度也是有积极意义的。在没有破产制度的年代，创业者在摸爬滚打的初期，一旦经营失败，会背负一生的债务压力。创业成为一项风险极高的商业活动，大家的态度也就自然而然地慎之又慎。长此以往，“大众创业，万众创新”的局面也就无从谈起。

而有了破产制度，创业风险中的很大一部分会被削减，真正优秀的创业者也多了东山再起的机会。著名企业家雷军就是在经历了三色公司的破产后东山再起创立小米科技，成为科技巨头；八佰伴的创始人和田一夫在有着 400 多家门店的八佰伴集团破产后，短短几年就再次造就了一家上市公司。所以，即便破产制度或许会被一些人恶意利用，造成现实的损失，但如果因噎废食就此否定破产制度，可能会产生更大的负面影响。

程序正义有价值吗？为什么宁可结果错误也要程序合法？

西方有一句谚语“Justice must not only be done, but must be seen to be done”，翻译过来就是“正义不仅应得到实现，而且要以看得见的方式加以实现”，这就是程序正义（procedural justice），也就是我们说的，看得见的正义。

法学院的教授们在讲到“程序正义”时，都会向台下的学生提出这样一个问题：“六个人分食一个蛋糕，工具只有一把刀，怎么切才能保证每个人都满意？”答案往往都是五花八门的，但不管是横切还是竖切，只要是人工来切都无法保证每块蛋糕完全均等。切蛋糕的人也会被质疑“厚此薄彼”，最终的结果则是每个人都觉得自己吃亏了。然而，这看似无解的问题，如果设置了合理的程序就会迎刃而解。

答案就是——切蛋糕者后分。切蛋糕者最后拿到蛋糕，必然会小心翼翼地保持均等，防止自己拿到最小的那块，其他人也明白这种分法的精妙，自然会选择相信切蛋糕人的公平公正。这就是通过大家都认可的、正当的程序来实现结果的正确，也就是程序正义。

与程序正义相对的是“实质正义”。实质正义只考察结果是否正确，不考虑解决问题的过程。最典型的实质正义就是“万事皆有因，善恶终有报”。不难发现这种想法其实只是一种美好的寄托，除非有全知全能的人或者技术来解决争议，否则实质正义也只能变成丢骰子、拼概率。

在古代，民众把实质正义的希望寄托于廉吏、青天老爷，诸如狄仁杰、包拯，他们以个人能力、人品和口碑获得大众的信赖，让大家相信他们的判决一定是正义的。在现代，立法的科学化不断发展，越来越多的人发现把正义和个人的判断捆绑，风险太大。毕竟智者千虑，必有一失，个人还存在被腐化、徇私情的风险，所以开始用最为可靠的、经过论证的程序来约束他们，从某种意义上说，程序变成了解锁实质正义的钥匙。

现代司法体制中，程序正义是最为重要的一环。我国有三大诉讼法——《民事诉讼法》《行政诉讼法》《刑事诉讼法》。三部法律的内容均是关于诉讼中的程序问题，这些程序规则经过了法学家、立法者的长期论证、研究最终得以写进法律，为的就是达到“切蛋糕者后分”一样的正义保障。例如，《刑事诉讼法》规定办案民警必须要在看守所讯问，传唤时间不得超过 24 小时等，就是为了防止出现刑讯逼供，导致真相产生偏差；《民事诉讼法》规定了详尽的举证期限、质证规则，为的就是通过程序查明真相。

类似的规则还有很多，不再一一列举。

当然，就像能臣、廉吏的惊堂木下也会有冤假错案一样，再精妙的程序也不是万能的。现实中，存在很多依照法定程序审理，但最终可能结果错误的案件。例如，民事案件中，因为一方没能按时提交关键的合同、借条，证据关门[①]后最终法院判决败诉（当然实务中已经变通）；刑事案件中，因为公安机关取证程序上的瑕疵，关键证据没有被法庭采纳，放纵了实际的犯罪分子。这些情况都可能在现实中存在，而且无法被杜绝。

套改一句名言，在当时当下，程序正义不一定是最好的，但一定不是最坏的。在技术发展到能让人类通晓过去、预知未来之前，程序正义还是我们的第一选择。

① 指诉讼双方当事人的举证必须在法定的期限内完成，否则证据不予采用。

幼童、精神病患者杀人为什么不处罚？

2013 年，重庆电视台曾播出一则新闻：视频显示，在某小区居民楼电梯内，一名女童怀抱着一名男婴。在电梯运行时，女童突然对男婴进行殴打，随后又将男婴抱回 25 楼的家中，最终导致男婴坠楼死亡。在事件的调查过程中，由于女童年龄尚小，未满 14 周岁，公安机关决定不予立案。这则新闻引起了舆论的广泛讨论，幼童犯法不处罚的结果，也引起了大众的不解。

实际上不光是幼童犯罪能够得到法律的“豁免”，某些精神疾病患者也存在类似的情况。《中华人民共和国刑法》规定：“精神病人在不能辨认或者不能控制自己行为的时候造成危害结果，经法定程序鉴定确认的，不负刑事责任。”幼童和精神病人看上去并无交集，为何都能得到法律的特殊“关照”？问题的答案还在于“刑事责任能力”的判断上。

我国法律规定，只有具备刑事责任能力的人犯罪，刑法才会进行处罚。刑事责任能力是指行为人辨认和控制自己行为的能力。简言之，就是知不知道自己在做什么，能不能自主地决定做不做。从这两个方面来看，幼童可能不具备前者，而精神病人可能不具备后者。晦涩的理论掰扯开来，似乎很有道理，但仍然解不开大众心中的疑惑，难道就因为“不明就里或者情不自禁”就可以“为所欲为”吗？杀人偿命、欠债还钱，难道不是理所应当的吗？

大众观念中的杀人偿命，属于一种“同态复仇”。在法制规则没有建立的年代，这种“以牙还牙，以眼还眼”的做法是一条通行的准则，时至今日，在社会大众中还是很有市场。但实际上，早在西周时期，礼法就对这种“民俗”进行了颠覆。《周礼》云：“司刺掌三赦之法，一赦曰幼弱，再赦曰老耄，三赦曰蠢愚。”其中，“幼”指的就是幼童，“蠢愚”指的就是天生呆傻的精神病人。可见，幼童、精神病患者在法律上的区别对待是自古便有，且经过了长期的发展和传承。

古语云：“不教而诛谓之虐”，讨论的就是刑罚的目的。在摆脱了“同态复仇”的现代法制中，刑罚的目的早已不再是报复和打击，而是教育、指引、强制和威慑。通过刑罚的设置惩处罪恶，指引社会群体规范自己的行为；通过法律的实施教导社会大众有所为，有所不为；依托国家强制力处罚违法行为，对不法分子产生威慑。这些才是现代法律或者刑罚的应有之义。

而如果放在幼童和精神病人身上，这些可能都会“失灵”了。对幼童来讲，由于心智尚未成熟，在是非对错的辨别上都存在偏差，即便对其施以重刑，他还是懵懂无知，既起不到教育作用，也不能让其他幼童引以为戒。精神病人就更是如此了，在精神病人发病时，他自己都无法控制，即便在健康状态下深谙法律、一心向善，也不能杜绝病理性的“失控”。若不考虑这些因素，还要惩处这两类人的话，可能又会被贴上“不教而诛”的标签。

刑法虽然不处罚幼童和精神病人，但并不代表没有其他措施对他们进行管束。目前，我国对涉及犯罪的精神病人会进行强制医疗，通过法定的治疗机构对他们进行集中诊治，在病情好转之前都与社会隔离，防止产生其他社会危害。而在幼童犯罪方面，目前主要还是“以教代罚”，家长是承担管教义务的第一主体。

不难看出，在精神病人犯罪领域，不管是事前对刑事责任能力的鉴定还是事后对接的强制医疗程序，已经形成了一个科学、精细的闭环。而在幼童犯罪方面，通过年龄认定刑事责任能力，有粗暴的“一刀切”之嫌，事后管控、教育机制也略显单薄。如果能引入西方的“恶意补足年龄”原则以及利用社会化力量加强问题儿童教育，也许会弥补短板，走出困局。

打官司不包赢，是因为律师“黑心”吗？

惹上官司是一件很糟心的事，法律规章晦涩难懂，诉讼程序复杂冗长，处理不好还可能要“割地赔款”，于是很多人自然而然就想到了请专业人士——律师介入处理。但天下没有免费的午餐，请律师也是要支付费用的，面对高昂的律师费，有人又泛起了嘀咕：请律师的钱花出去了，如果没效果，岂不是雪上加霜？所以，经常会有当事人向律师提出这样的问题——“这官司能保证打赢吗？”

提出这个问题的人都希望得到肯定的答复。但现实中，如果面对的是一个严谨、专业的律师，他的答案一定是否定的。《律师执业管理办法》规定：“律师承办业务应当告知委托人该委托事项办理可能出现的法律风险，不得用明示或者暗示方式对办理结果向委托人做出不当承诺。”如果你的律师对你承诺“包赢”，那么他已经违法违规了。

《律师执业管理办法》之所以这么规定，是有道理的。我们知道，打官司是个零和博弈，判决的结果必然是有人欢喜有人忧。在诉讼案件中，即便原告、被告各自请的律师都信心满满地做出了“包赢”的承诺，最终的结果也必然是一输一赢。所以，从这个角度来说，找律师就“包赢”只是一种不能实现的空谈。

不光是律师不能包赢，作为执掌案件生杀大权的法官同样也无法做到“包赢”。说到这里可能很多人要反对了：“判决书都是法官写的，案子也是法官审的，肯定是法官说了算！”实际上，这也是一种误解。现代的审判体制在内部设置上也十分复杂，“一言堂”[①]的现象并不是常态。且不说很多案件是由三个法官、多位陪审员组成的合议庭进行审理，即便合议庭法官全部达成一致，一些疑难复杂的案件还要提交法院的审判委员会进行讨论。审判委员会一般由九人组成，他们的讨论意见将会作为最终判决结果。

这还不算完，我国还有四级两审制度，如果当事人对一审法院的判决有意见，二审也是有可能改判的。从公开的判决文书网站就可以发现二审改判的案件比比皆是。那二审法官总是能说了算吧？也不一定。即便是二审判决已经生效的案件，如果发现判决确有错误还是可以通过审判监督程序提起再审，那么最终谁输谁赢又成了未知数。

以上还只是司法程序上对输赢结果的影响，另一个不确定因素则更为关键，就是案件事实、证据的发展变化。例如，本身很有把握的案件，开庭时关键证人不愿意出庭了；重要证据突然丢失或者根本就无法提供；证据效力被法庭否定或者当事人开庭做出了对自己不利的陈述；等等。

① 指一个人说了算。

这些情况都会影响到案件的最终判决，但这些情况很多都是律师在事前无法预料和掌控的。

律师对打官司的作用，其实不单在于赢得判决。打官司的目的在很多情况下并不是非黑即白，而是存在很多种可能。例如，有些时候打官司只是迫使对方和解的手段；有些案件官司的输赢不重要，只是为了赢得时间；还有一些案件，虽然无法做到完胜，但能够及时地降低或者弥补损失。在这个过程中，律师不但可以利用自己的专业知识，帮助当事人避免不必要的错误，还可以通过对判决风险的充分评估以和解的方式帮助当事人获得最大利益等。当然，还有最重要的一点，既然案件的结果谁都无法预测，请专业律师介入，无疑比自己“赤膊上阵”更加靠谱。所以，真正专业的律师不会对你承诺案件的结果，而只会向你承诺全心全意完成托付的重任。

就像医生无法许诺包治百病、老师不能保证考试必过一样，如果让律师承诺打官司“包赢”，同样是强人所难了。

大麻是毒品，为什么在有些国家也能“合法化”？

提到毒品，绝大多数人都会联想到犯罪、暴力、成瘾、死亡等一系列负面评价。在从小就被教育“珍爱生命、远离毒品”的环境下，谈毒色变是我们的第一反应，更加不会轻易染指。然而，让我们大跌眼镜的是，在世界范围内有一些国家居然已经向大麻打开了合法化的大门，民众甚至可以到商店或者诊所中直接购买大麻，这到底是社会的进步，还是在“开倒车”？

支持大麻合法化的人经常会拿大麻和酒精作比较，两者都对身体健康存在一定危害，且都有成瘾属性。在 1920 年的美国，为了解决酒精引起的家庭暴力、犯罪等问题，美国实施了“禁酒法案”（又称“伏尔斯泰得法案”）。然而在“禁酒法案”的实施过程中，由于高额利润的驱动，大量酒类转入地下黑市交易，非但没有解决原来的问题，反而又滋生出了地下暴力、敲诈勒索以及官员腐败等一系列社会问题。最终，“禁酒法案”在 1933 年被废止。

在 100 年后再看，如今的酒类行业规范发展，各种酒随手可得，却并未产生更多的社会问题。正因如此，支持大麻合法化的人们开始鼓吹：现在基于毒品地下交易产生的犯罪、黑帮等一系列问题，随着大麻合法化的开展，也会逐渐解决。

诺贝尔经济学奖得主米尔顿·弗里德曼（Milton Friedman）就是毒品合法化的支持者。他认为，一方面，地下交易会滋生大量暴力犯罪，还会让诸如可卡因等“硬毒品”涌入市场；另一方面，毒品非法化会导致毒品价格奇高，为了获取毒资，更多人会通过犯罪手段获取财富。他甚至认为，如果诸如大麻之类毒性较低的“软毒品”是合法的，那么可卡因等强力毒品就不会产生。

反对毒品合法化的声音也十分尖锐。他们认为弗里德曼的观点存在硬伤，毒品合法化导致毒品价格降低，价格降低必然会带来需求的上升，那么会有越来越多的人开始吸毒。从这个角度上讲，解禁毒品其实等于变相鼓励吸毒。此外，毒品合法化不单是一个经济学问题，还是一个复杂的社会问题。在毒品合法泛滥的环境下，同样会产生很多毒后失智、危害社会的犯罪行为。还有很多案例显示人在吸食大麻后会产生焦虑和恐慌，日积月累，会导致感官功能的失调，进而会做出一些不可思议的举动。况且，毒品对人体的损害是现实存在而且是巨大的。即便是公认的“软毒品”大麻，也会影响人体的呼吸和免疫系统，并引发生殖问题。

令人不解的是，作为世界第一大经济体的美国，很多州都无视大麻的现实危害，可以合法地交易大麻，这是为什么呢？

或许大麻的高额利润就是原因之一。据统计，在美国，每年医用大麻的交易额达到了数百亿美元。除此之外，隐藏在地下的非法交易额更是无法估量。早在2009年，加州就有议员建议政府对大麻征税用来解决财政问题。大麻合法化后，政府将对大麻产业征税，这一举措将是提高财政收入的有效手段。

此外，一些大财团也将触角伸入大麻领域，摩拳擦掌准备大干一番。美国《商业周刊》报道，美国科罗拉多州和华盛顿州的大麻销售合法化政策使得大麻产业投资激增。其中涉及大麻产业的通用大麻公司股价一度从每股3.25美元（约合人民币20元）涨到了10.20美元（约合人民币60元）。普通的商业零售者也企图在大麻盛宴中分到一杯羹，圣迭戈的大麻诊所老板罗伯特在接受采访时称："我们太兴奋了，周六我们就拿到了大麻销售许可证。我新购置了5台收银机，还多雇了6个店员，就等着1月1日开门营业。能见证历史真是太美妙了……"

自己的身体自己不能做主？法律为什么要限制你“自残”？

古语有云：“身体发肤，受之父母，不敢毁伤”，说的就是在封建家长制下，自己的身体自己说了都不算，要听父母的。这种观点，现在越来越不被认同。在现代法制社会中，更多的人认为自己的身体应由自己做主，只要不侵犯其他人的利益，就算是“自残”也是合法的。实际上这两种观点都不完全正确，即便是在当下的法制环境中，也有很多规定体现了“法律家长主义”（legal paternalism）。

法律家长主义其实很好理解。作为子女，要听家长的话，做事情要请示家长，忤逆家长会被打屁股，预设的逻辑就是“你还小，家长都是为你好”。法律家长主义其实也是同样的设定，即法律为了公民个体的利益，限制公民的某些自由。

类似的规定有很多。例如，一般意义上认为，吸食毒品的人只要不引诱他人吸毒或者贩毒，那么最多只会损害自己的身体健康，于社会大众无害，但是法律却明文禁止这种“自我伤害”行为。还有，每有新款手机上市的时候，总会出现“割肾换机”的网络段子。常人理解中，自己的身体部位，怎么处置都不损害他人利益，属于个人自由，但是这种行为同样被法律禁止。此外，其他一些涉及社会公共管理的法律法规中，法律家长主义也十分常见：骑摩托车必须戴安全头盔、开车要系安全带、禁止在危险区域游泳、禁止私人决斗，等等。法律这种霸道而又温情的关怀，在现代社会中无处不在，以至于法学家给法律家长主义起了一个生动的昵称——“法律父爱主义”。

现实中的父爱会因为子女的不解和逆反遭受质疑，法律的“父爱”同样如此。很多人会质疑法律霸道的“父爱”过度限制了个人权利，不明白法律的霸道背后的意义。但实际上，法律家长主义是有一定的正当性的。

首先，特定人群需要类似这样霸道的关爱。如果是智力正常、身体健康的成年人，大多数人都可以轻易地判断哪些是对自己有利的，哪些是不利的，从而选择自己的行为模式。例如，正常人都知道吸毒有害健康，不会轻易染指。但是一些未成年人、有精神疾病的群体，则不具备这种能力。他们可能因为好奇而尝试毒品，因为对物质的渴求损害自己的身体，甚至没有任何原因地自我伤害。此时，法律介入的角度就和家长一样，在社会个体心智不全、无法辨别是非时，对其进行干预和约束。

其次，看似对个体自由的干预，实际上出于整体利益的考虑。一个人吸毒、自残不可怕，可怕的是大家都默许、认可甚至加入这种行为群体。人都有从众心理，如果这些行为在社会上时有发生，甚至成为常态，那么越来越多的人会认为这是理所应当的，并尝试进行模仿。长此以往，社会群体的体质、机能会在人口迭代中每况愈下，随意的自伤自残也会对完整人权造成毁灭性的打击，社会整体利益就会受到损害。

最后，法律家长主义也是在为社会个体“管理风险”。我们所处的世界从来就不是太平无事的避风港，自然灾害、交通事故、食品药品安全、恐怖主义、传染病、刑事犯罪等不断发生。由于知识结构和个人能力的差异，很多人往往不知道如何应对风险。法律通过交通安全的强制规定保护个体的出行安全、通过设置消防要求保障公共场所安全和通过强制保险制度让社会为个体分摊灾害成本，实际上就是在帮助社会个体预防风险、化解风险。

法律对财产的保护真的是平等的吗?

平等保护原则是我国《民法典》的基本原则，法律条文中也明确了“国家、集体、私人的物权和其他权利人的物权受法律平等保护，任何组织或者个人不得侵犯”，显示出法律对私人财产和公共财产一视同仁的态度。然而，在生活中，不管是从新闻报道、司法案例以及普通人的观念中，都能隐隐约约地感觉到，凡涉及公家财产的一定是大事、要事，但是涉及私人财产的话，可能就没那么打紧。这种观念，到底是一种误区还是实实在在的真相?

我们知道，不管是公家财产还是私人财产，刑法的保护都是最为重要的手段之一。从刑法对这些财产犯罪的打击力度，就可以看出在公私财产保护问题上有没有厚此薄彼。

贪污罪大家都听过，为牟私利，利用手中的权力拿了不该拿的公家的钱，就是贪污。而在私产领域，同样也有贪污，只不过是换了个说法叫“职务侵占罪”。这两个罪名除了针对的财产性质不一样之外，在行为模式上基本没有区别。但是《刑法》在处罚这两类行为的时候，却明显轻重不一。贪污罪的最高刑为无期徒刑、死刑，而职务侵占罪的最高刑仅是五年以上有期徒刑。

同样存在类似问题的还有挪用公款罪和挪用资金罪。这两个罪名的区别从名称上就能看出来，前者挪用的是公家的钱，后者挪用是私人的资金。在刑期的设置上，《刑法》再一次区别对待，挪用公款罪的最高刑是无期徒刑，而挪用资金罪则是十年有期徒刑。同是侵犯财产的犯罪，行为模式也基本一致，却轻重有别、差别巨大，不得不说，在刑事保护的问题上，看上去“一碗水确实没有端平”。

此外，不管是国有企业还是私营企业都会出现一些利用职权为自己或者家人牟取私利、工作疏忽或者滥用权力造成企业损失的行为，这些行为都有一定的危害性，也都会侵犯企业的财产权益。对于戴着“公家”帽子的国有企业，类似的罪名繁多，例如，为亲友非法牟利罪、签订履行合同失职被骗罪、国有企业人员失职罪和国有企业人员滥用职权罪，等等。但是针对私人企业，几乎就是立法空白，即便私企的员工出现这些行为，也不属于犯罪。这显然又是一种差别待遇。类似的细节在《刑法》条文中还有很多，有心人可以去对比研究一下，这里不再列举。

《宪法》是国家的根本大法，任何法律的内容都不得与《宪法》相违背。那么《刑法》这种对公私财产差别待遇的设定是不是有违反《宪法》的嫌疑？《宪法》对公私财产的保护又是什么态度？

仔细翻读一下《宪法》，你可能就会恍然大悟。《中华人民共和国宪法》第十二条规定：“社会主义的公共财产**神圣**不可侵犯。”第十三条规定：“公民的合法的私有财产不受侵犯。”细心的你应该发现了，虽然公共财产和公民合法私有财产都是不受侵犯的，但是公共财产多了“神圣”这样的修饰词。《宪法》中的每一个词、标点符号都是经过反复推敲、长期论证的，所以“神圣”这样的修饰词出现在哪里、不出现在哪里也一定是精心设置的。从这里我们就能看出国家在公、私财产问题上最为真实的态度。

当然，公共财产确有一定的特殊性，涉及每个人的利益，又承担了特定公共需求的职能，值得法律关注和保护。但在市场经济条件下，私人财产已经成为市场的重要组成，差别待遇会挫伤市场主体的积极性，不利于整体经济的发展。很多专家学者也已经看到了这样的问题，发声呼吁立法要因时而变、补齐短板，且让我们拭目以待。

根据洛卡德的物质交换原理，任何一个人在进入特定的现场环境后总会或多或少地和现场的物质发生接触和交换。同样，作为社会人的你一旦进入社会，就必然会和其他人发生钱物往来。这个过程中会产生一系列的法律问题,处理不好可能会蒙受经济损失,例如，碰到老赖欠钱不还怎么办？朋友找你担保怎么办？打官司流程太长讨不到钱怎么办？如果说这些问题你一时半会儿还答不上来，那么看完这一章的内容应该会有所收获。

第二章 财产保险箱：学点法律避点坑，懂点法律止点损

你的借条为什么无效？

碰到借钱是一件让人很头疼的事，亲朋好友拉下面子张开了嘴，不借吧，伤感情；借吧，又怕有去无回。这个时候，一纸借条就成了很多人最后的选择，毕竟要给自己留个保障嘛。但现实生活中，因为借条写得不对，钱要不回来的情况比比皆是，而且问题五花八门，让人哭笑不得。

先举几个错误的范例，大家不要模仿。

案例 A

小明借给小红 1 万元，然后写了张借条。借条上写着："×× 年 ×× 月 ×× 日，小红借小明 1 万元。"

法官问："到底是你借给小红，还是小红借给你啊？"

小明晕倒。

案例 B

小明借给小红 1 万元，小红半年后还了 10 元钱，然后写了张借条。借条上写着："×× 年 ×× 月 ×× 日，小红向小明借了 1 万元，今天小红还欠款 10 元。"

法官问：“是小红现在只欠你10元了，还是她只还了10元？”

小明又晕倒。

案例C

小明借给小红1万元，小红半年后还了10元钱，然后写了张借条。借条上写着：“××年××月××日，小红向小明借了1万元，已经还给小明10元，还欠小明9990元。”

法官问：“小红是谁？”

小红说：“不知道，我叫张小宏。”

小明再晕倒。

上面几个例子，只是出现了众多借条问题中的几个最低级的问题。升级版的问题借条还有利息约定不明，利息约定畸高，资金用途不合法，借款人没有行为能力，缺少担保、抵押，等等。这些问题有些会导致借条直接无效，有些会让债权人的债权无法完全实现，可谓陷阱多多。

写借条看似简单，但想要写得滴水不漏，着实是一门很高深的学问，不但要绕开很多坑，还要给自己扎上篱笆。如果想通过一篇文章就让大家把这些问题都搞懂，这是不太现实的，但大家可以依葫芦画瓢，把律师提供的“完美”借条拿去借鉴。其实，一张被认真对待的借条，从来都不是一张“纸条”而已，应该是一份合同。

奉上借款合同一份，供大家参考。

借款合同

借款方：____________________（笔者注：一定要让借款人填写完整的身份证号码、现居住地址、联系方式，以避免身份不明的问题。）

出借方：________________

连带保证人：________________（笔者注：加入资信良好的连带保证人，在借款方不还时可以直接找连带保证人还钱，当然连带保证人身份也要明确。）

一、借款用途

借款方因________________向出借方进行借款。（笔者注：借款用途要合法，否则借款合同无效。）

二、借款金额

借款方向出借方借款人民币______万元．（笔者注：借款金额要大写，防止涂改。）

钱款交付方式：银行转账方式。出借方通过银行转账方式将钱款汇入借款人的银行账户或借款人指定的银行账户。

银行账户信息如下：

银行账户名称：____________________________

银行账号：______________________________

开户行：__________________________________

（笔者注：付款账户信息填写明确，资金进入账户就证明出借完成，防止扯皮。）

三、借款利息

自交付借款之日起，按实际占用天数计算利息。在合同规定的借款期内，年利率为______%。（笔者注：利息约定明确才可以作为追偿依据，年利率不超过 24% 均受法律保护。）

四、借款期限

借款期限为自_______年____月____日起至_______年____月____日止。（笔者注：借款期限约定要明确，借款人逾期不还即可索要。）

五、条款变更

因国家变更利率，需要变更合同条款时，由双方签订变更合同的文件，作为本合同的组成部分。

六、保证和抵押

1. 保证人在本合同项下提供的保证为连带责任保证。自本借款协议生效之日起至本协议项下债务履行期限届满之日后两年止。

2. 保证人的保证范围是：本借款协议项下全部债务，包括但不限于全部本金、违约金、出借方实现债权与担保权利而发生的费用（包括但不限于诉讼费、财产保全费、差旅费、执行费、公证费、送达费、公告费、律师费等）。（笔者注：保证人的保证范围扩大到借款人的违约损失，有利于保障出借人的权利。）

3. 需要有保证人担保时，保证人履行连带责任后，有向借款方追偿的权利，借款方有义务对保证人进行偿还。

4. 借款方用 ______________ 做抵押，到期不能归还出借方的借款，出借方有权处理抵押品。借款方到期如数归还借款的，抵押权消灭。（笔者注：抵押房产或者汽车的，一定要办理抵押登记，而不能只扣留产权证或行驶证。）

七、权利义务

1. 出借方有权监督借款的使用情况，了解借款方的偿债能力等情况。借款方应如实提供有关的资料。

2. 借款方必须按照借款合同规定的用途使用借款，不得挪作他用，不得用借款进行违法活动。

3. 借款方必须按合同规定的期限还本付息。

八、违约责任

1. 借款方如不按合同规定使用借款，出借方有权收回部分借款，并对违约部分按照 ____% 加收罚息。

2. 借款方未按约偿还本息时，借款方应承担出借方主张权利时的各种合理费用，包括但不限于律师费、交通费、公证费、公告费、调查取证费等。（笔者注：如果借款人不还款，根据此约定可以让其赔偿因为追索欠款引起的相关损失。）

九、合同争议的解决方式

本合同在履行过程中发生的争议，由三方友好协商解决，也可由他人进行调解。协商或调解不成的，可由任意一方依法向________（省）________（市）________（区）人民法院起诉。（笔者注：如果借款人在外地，出借人可选择自己所在地法院管辖，以节省诉讼成本。）

十、本合同未做约定的，按照《中华人民共和国民法典》的有关规定执行。

本合同一式三份，三方各执一份。

出借人（笔者注：签名并按手印）：________________

借款人（笔者注：签名并按手印）：________________

连带责任保证人（笔者注：签名并按手印）：__________

合同签订日期：________________________________

签约地点：____________________________________

律师借钱为什么从来不给现金？

读了前面的文章，大家应该学习到了该如何写一份具有法律效力的借条，但这并不代表只要写出了“完美”借条就可以高枕无忧了。在实际的资金借贷中，如果你的出借方式有误，那么很有可能还是会“竹篮打水一场空”。这些错误的出借方式里，最应该避免的就是以现金方式出借。

先来看一个案例：

小明借给小红1万元，签下了完备的借款合同，然后直接拿出一沓百元大钞交给了小红。到期后，小红因为不还钱被小明起诉到法院。小明拿出借款合同，理直气壮地说：“白纸黑字，欠债还钱！”

法官问小红：“借款合同是你签的吗？”

小红说：“是的，但我没有收到钱。”

小明晕倒。

聪明的你肯定已经发现了，现金借款，尤其是在进行金额较大的现金借款时，最大问题就是出借人无法证明已经交付了借款，这时如果碰到抵赖的借款人，那么法院会因为证据不足，无法支持出借人的还款请求。从法律角度来说，借条或者借款合同只能证明双方达成了借钱的意向，并不能证明钱款已经支付。也就是说如果想要法院认可，必须证明两个方面的事实：

（1）双方已经达成借款意向。

（2）钱款已经支付完成。

可能有些人会觉得，即便是支付现金，也不代表没办法证明钱款已经支付，例如有证人作证或者借款人签了收据。确实，在大量的案例中，也有类似的情况出现，但法院的判决并不是全部都支持这样的证据：

1. 有证人作证的情况

从公开判决文书网查询到的（2014）扬邗公民初字第0143号判决书中记载，原告除了提交借条外，还提交了“证人梁某、李某、戴某的证言、录音资料”，均证实听到案外人汤某曾经说过已经交付10万元，但法院认为“上述传来证据的来源是唯一的，均是案外人汤某一人的言语，即在是否交付10万元的情节上只有汤某的陈述，而无其他证据相印证，是孤证”。也就是说，原告虽然提交了3个证人的证言证明他们都知道被告向原告借了钱，但是由于这三个人中的两个人都是听说，实际上是孤证，不具有证明的法定效力。最终法院驳回了原告的请求。

2. 有收据的情况

（2012）珠香法民一初字第1703号判决书显示，原告提供了借款合同还提供了5份收据，想要证明已经通过现金方式交付了钱款。但是法院认为5份收据存在证据上的瑕疵，最终没有采信[①]。判决书原文记载："由于原告未能提供相关的银行转账凭证，或者证明现金交付的各个细节及款项来源等证据，现单凭上述有瑕疵的5份收据及还款合同，不足以证明原、被告之间存在合法的借贷关系。"可见，即便有了收据也并不完全稳妥。

借钱看似是一个小问题，但是一旦涉及打官司，可能每一个环节都会被放大，稍微有些疏忽，保不准就会被法院认定为存在证据瑕疵，最终无法拿到属于自己的钱。正确的借款方式应该这样操作：

（1）双方达成意向后，参照本书的介绍，签订完备的借款合同。

（2）支付钱款应当避免现金支付，要通过银行转账或者微信、支付宝等可以留下痕迹的方式支付。银行转账支付时要保留银行打款凭证。

（3）在付款时要同时在付款内容中备注钱款的性质为"借款"。

（4）特别注意要审查收款方的账户，最好是借款人本人的账户。如果借款合同有约定的，则应是约定的收款账户。

① 字面意思为采纳、相信，主要是指法官对证据内容和效力等方面的认可。

碰到“教科书式的耍赖”怎么办?

2015年10月，河北唐山赵某的父亲，在车祸中变成了植物人。赵某放弃了稳定的工作，通过卖房、卖画、网络募捐等方式筹款救父。在心力交瘁的两年时间里，年轻小伙已经快变成了“糟老头”。而肇事司机黄某，却极尽推诿、逃避之能，一直拒绝支付法院判决的赔偿款。网上曝光的视频中黄某的话把一个老赖的嘴脸展现得淋漓尽致：“收入不低，但还得还贷”“我就是人品有问题”“判我几年，这钱也不用还了”。网友把黄某耍赖“套路”总结为“三不一没有”，即不垫付、不探望、不调解、没有钱，堪称“教科书式的耍赖”。

“教科书式的耍赖”事件因为网络曝光才引发了大量的关注，但其实只是众多老赖事件中的沧海一粟。很多欠债不还的老赖，通过各种方式隐匿财产、撒泼打滚，拒绝履行判决的义务，但实际上却过着锦衣玉食、挥金如土的生活。这种现象一方面是因为执行工作的力度还不够、执行体系还存在缺陷；另一方面跟大众缺乏应对知识，不知道如何维护自身权益也有莫大的关系。

其实，法律上是有很多“招数”来整治老赖的，关键是要了解这些规定并及时地采取法律手段。在遇到类似的情况时，有以下方法可以参考：

1. 申请财产保全

碰到老赖不还钱，很多人的第一选择就是打官司，但是打官司往往周期很长，在这个过程中难保老赖不会转移财产，可能最终即便拿到了判决书也无法追回财物。而申请财产保全就是解决这一痛点的有效手段。

申请财产保全其实可以理解为“冻结”老赖的财产。在发生纠纷时，如果发现对方随时可能会转移财产，就应第一时间向法院提供对方的财产线索并要求法院对这些财产进行保全。财产一旦被法院裁定保全，那么老赖就无法处置，只有等到判决之后，根据判决的内容对财产进行处理。

财产保全最大的特点就是出其不意、先发制人，如果在诉讼之初就成功地运用了这种手段，那么即便是“教科书式”的老赖也只能无计可施。

2. 申请强制执行

在拿到法院的胜诉判决后，要债就不单单是一个人的事情了，法院作为强大的盟友也加入了战场。这时应当第一时间向法院申请对对方的财产进行强制执行。如果能够提供对方的财产线索，就应当全面地向法院反映。如果不能提供，还可以要求法院调查对方名下的存款、住房、车辆、股票等财产信息。一旦查明，法院将会通过扣押、冻结、划拨或者变卖对方财产的方式帮助你拿回属于你的钱。

此外，实务中还经常遇到一些老赖利用空壳公司为幌子，借了大量外债然后掏空公司的情况。债权人在申请执行时发现公司就两张桌子、一台计算机，根本无法要回欠债。在强制执行的过程中也有办法破解这一难题。2016 年 11 月最高人民法院公布了《关于民事执行中变更、追加当事人若干问题的规定》，如果发现欠款的公司、企业存在特定的恶意行为，可以追加包括瑕疵出资有限合伙人、承担连带责任的公司发起人、出让瑕疵股权的股东、违规注销企业的清算责任人这些人的责任，直接处理这些人的个人财产，让躲在皮包公司背后的老赖无处遁形。

3. 列入失信人名单

如果没能及时地采取保全措施，最终也没有查到老赖的财产，是不是就只能自认倒霉了？其实不然。

很多老赖虽然一屁股外债，但还是把自己包装得像成功商人一样，继续在外面经营生意。对他们来说，面子问题非常重要，因为要靠“面子”继续骗钱嘛。这时，就可以充分利用**失信被执行人名单制度**，直击老赖的要害。

失信被执行人名单制度是由法院制定的“老赖黑名单”，在网络上有公开的公示系统，任何人都可以随意检索。还有一些地方为了大力整治老赖问题还会在公开的报纸、闹市区的大屏幕上定期地公开这些名单，使老赖们产生了巨大的压力。此外，一旦被列入名单，老赖们再想做生意就难了。名单中的人在政府采购、招标投标、行政审批、政府扶持、融资信贷、市场准入、资质认定等方面都会受到限制。简单地说，政府项目不能承接，特定行业不许进入、申请贷款不给批，等等。这种威慑力是不言而喻的。

4. 申请限制高消费

除了让老赖上黑名单之外，还可以直接申请法院限制老赖的高消费，给他惯常的奢靡生活带来各种不适，逼迫他履行法律义务。法院的“限高令”可以禁止老赖的下列行为：

（1）不能坐飞机，不能坐高铁，其他火车只能坐二等座。

（2）不能在星级宾馆、夜总会等场所消费。

（3）不能买房、高档装修。

（4）不能度假旅游。

（5）子女不能上高档私立学校。

……

可以看出，上面的限制是比较严格的，从出行到消费，全方位地限制了老赖通过高消费逃避债务。还有最后一点，实际上是让老赖的过错直接殃及他们的子女。老赖也是有亲情的，当子女眼泪汪汪地被学校拒绝时，这种感觉可能比自己坐不了飞机都难受。

5. 善用刑事手段

老赖也是分三六九等的，如果说上述的方法可以对付初级老赖、进阶老赖，那么碰到已经练就“金刚不坏之身”

的“至尊”老赖该怎么办？

这时就要用霹雳手段——《刑法》来保护自己。《刑法》第三百一十三条规定：“对人民法院的判决、裁定有能力执行而拒不执行，情节严重的，处三年以下有期徒刑、拘役或者罚金。”如果你碰上的老赖有类似的严重恶性，那么可以要求公安机关对其立案侦查，也可以自己搜集证据后直接向人民法院提起刑事自诉[①]。如果说其他手段最多让老赖难受、赔钱，那么刑事手段可能会直接毁了老赖的一生，这时老赖们估计也必须掂量掂量了。

此外，有些案件一开始只是民事纠纷，但是随着案件的发展，某些事实浮出水面，也是有可能涉嫌刑事犯罪的。例如，普通的民间借贷也有可能涉及“骗借”的诈骗罪；P2P 平台的借款纠纷可能会涉及非法集资相关罪名等。

前文提到的赵某父亲的案件，也存在类似的情况。根据媒体报道，赵某的父亲最终还是不治身亡，肇事司机黄某的行为最终造成了一人死亡的严重后果。如果黄某在事故中负有主要责任，那么她很有可能构成交通肇事罪，将面临数年的牢狱之灾。此时主动权就握在了赵某手中，黄某假如想要得到从轻处罚，必须对被害人家属进行赔偿并取得谅解。这种情况下，黄某还会有勇气表演“教科书式的耍赖”吗？

---

① 自行到法院起诉。一般的刑事案件均由检察机关代表国家提起诉讼，称为公诉，与之相对的就是自诉。

当然，即便掌握了上述方法，在实际申请执行的过程中也不一定一帆风顺，可能会出现各种各样的问题。有几个方面应当格外留意。

（1）充分和执行法官沟通。不要怕麻烦法官，沟通得越多，法官的重视程度越高，毕竟法官也是人，办事也分轻重缓急。当然这并不代表“会哭的孩子有奶吃”，在沟通的时候还是要保持理性、平和。

（2）充分挖掘对方的财产线索。虽然理论上法院会帮助你调查被执行人的财产信息，但是毕竟执行法官的工作繁忙，不可能每个案件都做到“扫雷式”的排查。在财产线索问题上还是要多发挥自己的主观能动性。

（3）追索赡养费、扶养费、抚育费、抚恤金、医疗费、劳动报酬等关系到维系生计、保障权益的费用一般会得到法官的重点关注。

游戏账号是财产吗？怎么转让、继承和赠与？

“你是想笑死我，然后继承我的游戏账号吗？”这句话前段时间在网上非常流行。看似只是相互调侃的一句玩笑话，殊不知，账号继承问题在现实生活中已经真实发生了。

微博上有一个名叫“小七”的16岁博主，他的父亲生前是资深《魔兽世界》玩家。在父亲去世后，小七为了缅怀父亲，也开始了魔兽生涯，用他的话说：“想走一走爸爸曾经走过的路，看一看爸爸曾经见过的风景。”经过一番努力，小七终于找到了父亲的游戏ID，联系到了父亲生前的网友。面对父亲生前挚爱的游戏，小七很想再续征程，让父亲的身影再次驰骋在艾泽拉斯。但是在继承账号的问题上，小七却碰到了重重难题。

随着《民法典》的颁布实施，网络虚拟财产的法律地位已经被明确认可。但在实际操作中，想要拿到这些虚拟财产却并不那么容易。其中，最为关键的问题就是游戏账号怎么获得。游戏账号是打开虚拟财产的钥匙，如果没有账号，其他人可能都不知道这些装备、道具的具体数量，甚至不知道这些东西是否存在。可是，目前在第三人对账号的继承、转让、赠与上还存在障碍。

账号不同于虚拟财产本身，它是游戏公司对玩家的一种服务内容，本身有很强的人身属性。很多游戏公司在玩家进入游戏时都会约定账号只能本人使用，不得进行各种形式的流转。例如，著名的游戏平台 Steam 的用户协议就有这样的内容：“您的账号，包括与之相关的信息（如联系信息、账单信息、账号历史和订阅等）是严格个人的，因此您不能出售或转让他人使用您的账号的权利，除非本用户协议中明示许可，否则您不得转让任何订阅。”我国的法律允许游戏公司和玩家之间通过合同约定来厘清彼此之间的权利义务，那么玩家在登录上述游戏、确认用户协议的过程中，就已经和游戏公司达成了协议，同意这个游戏账号只能自己使用。因此，玩家的继承人或者其他人无法直接要求游戏公司协助自己进行游戏账号的继承和转移，相反还要受制于“只能本人使用”的约定，往往没办法如愿以偿。

解铃还须系铃人，解决这一困境的合法途径还是要回到“游戏协议”本身。根据法律规定，协议的内容并非一成不变，只要游戏公司同意和玩家协商，或者通过修改用户协议的方式变更这一条款，那么游戏账号的继承和转让还是有办法实现的。前文提到“小七”事件中，《魔兽世界》的开发者暴雪公司在 2017 年 5 月 10 日发布声明，改变了以往的做法，在游戏玩家的继承人可以提供继承人证明的情况下，暴雪公司会配合继承人完成账号的转移。

暴雪公司的做法值得肯定，游戏账号让玩家倾注了大量的时间、精力和金钱，它的意义在某种程度上已经超越了一些实体的财物，应当让继承人延续使用。但像暴雪这样“开明”的公司还是少数，大多数游戏公司为了清理服务器冗余、降低运营成本还是继续沿用了原先的协议。目前，遇到继承游戏账号的问题还要遵循以下步骤：

（1）通过客服和游戏公司进行沟通反馈，同时提供继承人和游戏玩家之间身份关系的证明，例如户口本、身份证、出生证明、游戏玩家的死亡证明或者户口注销证明等。

（2）在沟通无果时，可以求助消费者权益保护热线12315或者向所在地工商部门反映情况，由工商部门进行调解。

（3）向人民法院提起诉讼，要求继承相关游戏账号内的虚拟装备。

此外，在游戏账号的转让、赠与方面，情况更为复杂。目前绝大多数游戏公司都不允许玩家私下交易账号的行为。然而，上有政策，下有对策，虽然游戏公司禁止这种私下交易的行为，但实际上却没有办法识别使用账户的个人，账户交易已经成为一种“潜规则”。市面上也存在一些非官方的账号交易平台通过居间介绍的方式帮助玩家进行游戏账号交易。

由于账号交易都是非官方的，经常会有一些不法之徒通过各种手段进行账号诈骗，买家付了钱最后拿不到账号，或者密码没几天就被篡改。为了减少类似的纠纷，在账号交易过程中要注意以下几个方面：

（1）选择可靠的交易平台进行钱款支付，尽量避免点对点打款。

（2）交易账号时，通过密码找回操作来验证对方的密码找回措施。看对方是用手机验证、邮箱验证、提示问题验证中的哪一种或者哪几种进行密码找回的。

（3）查明密码找回方式后，让对方解绑邮箱、手机，必要时让对方将密码找回邮箱等一并转让。

（4）获得账号后重置密码，绑定自己的邮箱、手机，必要时购买游戏官方的加密措施，如U盾、密码锁等。

民法上"限制行为能力"是什么？"熊孩子"乱花钱能追回吗？

在网络支付普及的今天，只要拿出手机，动动手指就可完成购物。科技给我们的生活带来了巨大的便利，同样也给了乱花钱的"熊孩子"可乘之机。"熊孩子"乱花钱，听起来无伤大雅，但实际上后果却十分严重。"9 岁孩子玩游戏 7 天充值 2 万多元，称花钱玩更带劲""孩子偷用母亲手机打赏网红 25 万元""9 岁儿童 16 天花光母亲癌症治疗费 3.6 万元"，类似的新闻层出不穷，看了这些媒体的报道，只能说如果管不好"熊孩子"，教训也是很沉重的。假如自己家也有这样一个不省心的"熊孩子"，花出去的钱还要得回来吗？

答案是肯定的，法律上有一个概念叫"**限制民事行为能力人**"。《民法典》规定，8 岁到 18 岁之间的未成年人（特殊情况除外）属于限制民事行为能力人。限制民事行为能力人做出的民事行为如果跟他的智力、年龄状况不相适应，那么这样的行为是效力待定的，只有当家长追认后，才能发生效力。举个例子或许更好理解。

一个10岁小孩，到便利店花了1元钱买了一颗糖，这个行为是有效的。

如果这个小孩到工厂花了几百万元买了一仓库的糖，那么这种行为就是效力待定的，只有家长事后同意了，行为才发生效力，否则就是无效的。

回到开头举的“熊孩子”案例，这些孩子年龄都不满18周岁，心智尚不健全，对大额金钱的花费还没有概念，在价值判断上跟成年人存在很大的差距。所以，法律认为他们不具备类似大额消费的能力，家长也可以此为由，主张这些消费都是无效的，从而要回被花出去的钱款。

但法律支持家长挽回损失，并不代表家长就可以对“熊孩子”疏于管教。因为，即便法律规定很明确，实际操作起来却并不那么容易。真正涉及打官司时，还有一大障碍需要克服，就是如何能够证明这钱是“熊孩子”花的。

在“熊孩子”乱花钱的高危地带——网络游戏领域，这种难题尤为突出。很多“三无”游戏审核不严，不验证玩家身份就可以注册账号，这时就无法分辨充值的到底是小孩还是大人。还有一些小孩，偷偷使用家长手机内的游戏账号进行充值，从客观证据层面看，似乎是家长自己充的钱。碰到类似情况，真的是“有理说不清”。

我国的民事诉讼中讲究的是“优势证据”原则。也就是说，如果提供的证据能够显示某个事实存在的可能性较大，即便不能排除事实不存在的情况，法官也会认定这个事实。那么在诉讼中要证明花钱的是“熊孩子”，就要充分利用这一证据规则，尽可能地提供相关证据来打动法官。以下几个方面可以予以参考。

（1）游戏的充值记录，包括游戏内记录和银行卡明细、支付宝、微信交易记录等。

（2）孩子自己对充值时间、金额、原因的说法。

（3）家长对发现孩子充值的时间、经过以及事后处理的说法。

（4）如果家长一向不玩网络游戏，最好能够提供旁证，例如证人。

（5）充值时间的证据，由于儿童作息都有家长管制，所以充值时间有一定规律。一般多发生在儿童能够接触到手机、计算机的时间内，基本是在放学后、晚 10 点前。通过提交证据向法院展示这种充值时间的规律，可以和之前的证据印证。

（6）游戏内保存的数据。很多网络游戏都有聊天记录、邮件系统，儿童在进行游戏的时候和其他玩家交流时，必然会流露出一些童言童语，如果这些聊天记录的时间和游戏充值时间吻合的话，也是强有力的证据。

（7）“熊孩子”的小伙伴们的证言。儿童玩游戏肯定不是个例，小伙伴们之间也会交流，这时肯定会提到“买装备、充值”的事情，如果能够让其他小朋友也一起作证，也会起到很好的效果。

当然，打官司时间长、变数大，还要花费一定的成本，并不是第一选择。如果家长能够第一时间和游戏公司沟通协商，或者通过消费者权益保护机构进行调解，或许也能起到意想不到的效果。

什么叫不当得利？账户里突然多出了钱要怎么处理？

天上掉“巨款”的事可能大家都没有经历过，但类似的新闻报道你肯定看过：“某小伙银行卡里突现五百万元巨款”“大妈账户里飞入一千万元”“同学的银行卡余额后面突然多了七个零”……每次看到这样新闻，笔者都暗暗纳闷，这种好事怎么没有砸在自己头上？

但现实生活中真的碰上这等“好事”后，稍有法律意识的人又会产生困惑：来路不明的钱拿了会不会出事啊？2006 年，广州一名青年与朋友在 ATM 机取款时，发现每取 1000 元，账户里只扣 1 元。利用这个漏洞，该青年一共从 ATM 机里取出 17.5 万元。最终法院认定该青年犯盗窃罪，被判处有期徒刑 5 年。案件曝光后，给全民上了一堂生动的法制课——拿了不该拿的钱，后果原来这么严重。

实际上，碰到“天上掉馅饼”时，既不要高兴太早也不必过分担心。和上述案件不同，拿了这种突然出现在账户里的钱，不至于被判刑收监这么严重，但是想要据为己有也是很有难度的，说不定还要“偷鸡不成蚀把米”。

我国法律中有一个概念叫“不当得利”，主要有如下规定：

法律条文

《民法典》第一百二十二条规定：“因他人没有法律根据，取得不当利益，受损失的人有权请求其返还不当利益。”

这里有三层意思：

（1）拿了不该拿的钱要返还。

（2）不但要还本金，还要还孳息（利息等）。

（3）没有孳息，但有其他收入，收入要被国家收缴。

展开来讲，假如把账户里多出来的钱自己拿去用了，那么就成为法律上的“不当得利人”。如果不当得利人在占有钱款期间获得了一定的利息（如存入银行或借给他人），那么，返还不当得利时就不仅要返还原款，所获得的利息也要一起返还受损人。这里的利息就属于法条规定的“孳息”。

如果不当得利人在占有钱款期间进行经营并获得收入，比如投资、经商等。这类收入，就是“利用不当得利所取得的其他利益”。因为这些“其他利益”主要是靠不当得利人的经营、管理等劳动获得的，没有这种劳动便不会有这种收入，而原所有人又没有付出任何劳动，所以把“其他利益”返还给原所有人就不合理了。因此法律规定，这部分的利益谁也不能拿，只能“收缴”国库。同时，考虑到不当得利人所付出的劳动，法律规定可酌情给予他们一定的报酬，也就是条文中的“劳务管理费用”。

有人要问了，这里面还有国家什么事？国家收缴了我的钱算不算国家不当得利？这个其实无从考究。但可以肯定的是，法律设定不当得利的目的就是不让你得利，也不让其他不劳而获的人得利。

民事上面的责任已然厘清，最多空欢喜一场，后果并不可怕。但如果彻底动了贪念，已经被法院判决归还钱款，却还拒不返还且行为恶劣的话，就可能构成“拒不履行判决裁定罪”，那牢狱之灾就免不了了。

所以，这种“白日梦”即便真的实现了，最利己利人的做法也应该是第一时间联系银行，把钱原路退回。看似是“煮熟的鸭子飞走了”，但塞翁失马，焉知非福。这里就有一个“因失得福”的真实案例：媒体曾报道，2015 年在澳大利亚留学的董小姐发现自己的银行账户里突然多了 20 万澳元，她没有犹豫，第一时间归还了这笔巨款。这件事被澳大利亚媒体争相报道，董小姐也因此成为了南澳州留学大使，受到了南澳州州长、南澳州财政部长等政要的接见，还有十多家外企向她抛来“橄榄枝”。

董小姐拒绝了巨款，看似吃了亏，但这样善良的举动同样让她成功走上人生巅峰，可谓“好人有好报”的现实版。如果下次你也碰到这种“好事”，知道该怎么做了吧？

官司还没打完钱就拿到了？哪些情况可以申请“先予执行”？

很多人信奉“正义可能会迟到，但一定不会缺席”这句话，在这种观念中，即便诉讼程序耗时冗长，但只要得到公正的判决，就还是圆满的。但在很多情况下，迟到的正义却是一种非正义。例如，交通事故纠纷中，穷困潦倒的伤者碰到了恶意耍赖的肇事司机；打工一年的农民工遇上了不肯付工钱的老板；八旬老汉碰到了拒不支付抚养费的子女。当老赖们恶意利用诉讼规则，把战线从一审拉到二审，从调解拉到执行时，对于受害方来说，在这漫长的诉讼中，或救命钱没有着落，或生活无以为继，或老无所养，即便最终拿到了公正的判决，正义也已经消失殆尽了。从某种意义上说，这些情况下，高效的诉讼程序可能比判决本身还要重要。

实际上，法律已经关注到了类似的问题，现行法律框架内存在这样一种程序，不需要经过开庭，也不需要等到判决，就可以让原告提前拿到自己应得的钱款。这种程序就是“先予执行”。

顾名思义，先予执行就是在法院受理案件后，不需要对案件做出最终的判决，就可以根据一方的申请，让对方支付一定财物（或者做出行为）的程序。简单说就是**先执行后判决**。

法律条文

《中华人民共和国民事诉讼法》第一百零六条规定：人民法院对下列案件，根据当事人的申请，可以裁定先予执行。

（一）追索赡养费、扶养费、抚育费、抚恤金、医疗费用的；

（二）追索劳动报酬的；

（三）因情况紧急需要先予执行的。

前两项的规定非常明确，只要是涉及赡养费、扶养费、抚育费、抚恤金、医疗费用、劳动报酬的诉讼，原告均可据此申请先予执行。

针对第（三）项，一般理解认为，这里的“情况紧急”指的是需要立即停止侵害、排除妨碍的；需要立即制止某项行为的；需要立即返还用于购置生产原料、生产工具货款的；追索恢复生产、经营急需的保险理赔费等情形的。具体到操作，法官会根据具体情况的紧急程度来判断是否属于先予执行的范围。

现实生活中，在申请先予执行时，法院还会重点考虑两方面问题：

（1）当事人之间的权利义务是否非常明确。先予执行毕竟涉及“未审先判”，法院会重点考察案件本身的情况，在事实清楚且不存在争议时，才会支持原告的申请。

（2）被告是否具有支付能力。申请先予执行也要提供被告的财产线索，如果被告本身没有充足的财产，那么先予执行也就无从开展。

除此之外，我们还要知道，先予执行是法律赋予当事人的一种权利，必须要依靠当事人自发的申请才能启动程序。所以，即便法院了解当事人生活困难，需要追索必要费用，但如果没有收到申请的话，是不会主动开展这个程序的。此外，在申请时，必须提供书面申请。

先予执行程序保护了弱势群体的利益，解了他们的燃眉之急，但也会被一些“别有用心”的人利用。如果当事人恶意申请先予执行后，最终被法院判决败诉，那么执行到的钱不但要返还，还要赔偿对方的损失。

总之，先予执行程序的设置已经非常完备，了解这种程序并且有效地利用这种程序可以保护我们中间以及我们身边的弱势群体，让正义尽早实现。即便有人恶意利用了这种程序，最终通过法庭的判决，恶人也终将得不偿失。

花式抄袭有多可恶？被抄袭了怎么让对方赔钱？

创作者们最恼火的事情就是自己的作品被抄袭，抄袭者的手段可以说是花样百出，防不胜防，低级一点的直接照搬原文，高级一点的抄袭情节、拼接内容，更为隐蔽的还会进行改头换面的“洗稿”。自己的文章被抄袭了，多数人的第一反应都是先去质问抄袭者，让对方删除文章，然后再谈赔礼道歉、赔偿损失。但实际上，这种做法大多时候不但达不到理想的效果，还会给日后的维权造成极大的障碍。

如果你曾经和抄袭者沟通过，那你肯定领教过他们的嘴脸：“怎么不是你抄袭我的？”“你怎么证明这篇文章是你写的？”“我的文章跟你的文章哪里像了？”……这些看似无赖的话语，其实直击了法律上的几个痛点：

（1）怎么证明自己是文章的著作权人？

（2）怎么证明自己的文章创作在先？

（3）怎么证明抄袭者的文章和自己的文章实质性相似或者相同？

这几个问题是一环扣一环的，如果没有办法证明自己是文章的创作者，没有办法证明自己的文章创作在先，那么即便两篇文章一模一样，也不能认定对方是抄袭的。所以，原创者对自己文章著作权的保护和维权也应该是步步为营、环环相扣的。

首先，证明自己是原创者且自己的作品创作在先。

早些年，一些作家会把自己创作完成的手稿打印出来，标明自己是作者，然后通过挂号信的方式邮寄给自己，在不拆封的情况下保存起来。完成这个流程后，邮局的邮戳可以证明作品的创作时间，稿件内的署名可以证明自己是作者，一旦产生纠纷或者发生诉讼，通过“当场验货”（拆封）的方式可以完美解决上面的证明难题。现在随着科技的发展，这种方式用的人越来越少。目前最为保险、正规的做法就是在作品创作完成后，直接到“中国版权保护中心”的网站上申请版权登记，但这种方式一般耗时较长，还要支付一定的费用，所以采用这种方式的多是商业应用的软件、书籍的著作权人。还有一种较为方便快捷的做法，就是通过“时间戳”技术给自己的文章确权[①]。“时间戳”是在作品的电子文件上附以国家认可的准确时间，来证明作品是何时完成的，以保证原创性。“时间戳”在目前的司法实践中已经有越来越多的案例予以认可，而且认证时间很快，价格低廉。

① 确认权利归属，明确权利人。

有些人可能要问，那有没有完全不花钱，还能达到上面证明目的的手段？其实也是有的，可以参照“挂号信”的方式，把完成后的作品作为电子邮件的附件，直接发送给自己的邮箱，然后让邮件一直处于待开启状态，其实也能起到相应的证明效果。

其次，证明了自己是原创者后，还要证明对方存在抄袭。

如果说对方是直接生搬硬套的低级抄袭，那么这个问题上不存在障碍，对方也很难抵赖。但如果说对方只是抄袭了部分情节甚至还通过重新编排、拼接的方式把文章“洗”了一遍，这样再认定起来就困难多了。《著作权法》对作品的保护有一个原则，就是**“只保护表达，不保护思想”**。例如电影《钢铁侠》和《超人》，两部电影的套路无非是超级英雄打败了坏蛋，收获了爱情，拯救了世界，但是具体的故事情节、台词演绎都不相同，所以就不存在抄袭的问题。而认定“表达”是否相同就是一项“技术活”了，不仅要考虑具体措辞、叙述的雷同度，还要考虑结构框架、情节设置的相似比例，等等。即便是双方都是专业人士，也要在法庭上进行很长时间的“扯皮”。所以碰到了高明的抄袭，对方一般都不会承认，这种沟通也往往会不了了之。

回到文章开头提到的问题，如果和抄袭者直接沟通中对方不承认抄袭，并且删除了抄袭的文章，那么原创者后续如果想要起诉索赔的话，就会因为无法证明抄袭而不被支持。因此，遇到抄袭后，除了要保存自己是原创者、自己的文章创作在先的证据，最重要的一步就是要保存对方抄袭的证据。

碰到实体出版物的抄袭现象，只要购买一本出版物就可以保存相关的证据。但现在的抄袭行为大多出现在网络上，例如公众号、微博等。此时，就要通过截图、录像等方式保存对方的侵权页面并通过公证部门直接进行在线公证等方式保存证据。这个过程中，可能涉及电子证据的取证、证据证明内容和效力、诉讼程序的开展等各项问题，普通人往往无所适从。其实，这些事情处理不来很正常，大可不必焦虑，第一时间请位律师来协助就可以了。根据《著作权法》第五十四条，赔偿数额还应当包括权利人为制止侵权行为所支付的合理开支。

有人“免费”帮你打官司，还能获赔数千元甚至更高的赔偿费用，下次再碰上抄袭的话你还会跟对方大费口舌吗？

有“免费请律师”的好事吗？哪些情况下别人帮你出律师费？

提到律师费，可能你第一时间想到的就是“贵”。打官司时，很多人虽然对诉讼程序、法律规定一窍不通，极其需要律师介入帮助，但看到高昂的律师费后，还是打起了退堂鼓，瞬间学习热情高涨。且不说这种“临时抱佛脚”的自学能不能在短期内达到“法律速成”，即便真的学到了一招半式，开庭时能不能用得上就又是个未知数了。归根结底，问题还是出在了“高昂”的律师费上，既想得到律师的帮助，又不想花钱，到底有没有这样的好事呢？答案出乎意料，是有的。

与其说是“免费请律师”，实际上是律师费由“别人”帮你买单，对你来说结果就是不用付律师费。这种“免费请律师”的操作是有法律、法规等明确规定的，只要你的案件属于以下几种之一，就可以无条件地领到“律师费抵用券”了。

第一种：知识产权纠纷

如果你的文章被人抄袭了，你的商标被人冒用了，或者你的发明专利被别人剽窃了，那么你就可以“免费请律师”了。

法律依据：

法律条文

《最高人民法院关于审理著作权民事纠纷案件适用法律若干问题的解释》第二十六条规定："著作权法第四十八条第一款规定的制止侵权行为所支付的合理开支，包括权利人或者委托代理人对侵权行为进行调查、取证的合理费用。人民法院根据当事人的诉讼请求和具体案情，可以将符合国家有关部门规定的**律师费用**计算在赔偿范围内。"

《最高人民法院关于审理商标民事纠纷案件适用法律若干问题的解释》第十七条规定："《商标法》第五十六条第一款规定的制止侵权行为所支付的合理开支，包括权利人或者委托代理人对侵权行为进行调查、取证的合理费用。人民法院根据当事人的诉讼请求和案件具体情况，可以将符合国家有关部门规定的**律师费用**计算在赔偿范围内。"

《最高人民法院关于审理专利纠纷案件适用法律问题的若干规定》第十六条规定："权利人主张其为制止侵权行为所支付合理开支的，人民法院可以在专利法第六十五条确定的赔偿数额之外另行计算。"

第二种：不正当竞争案件

在商业经营过程中，如果有竞争对手故意仿冒你的商品、使用和你企业混淆的名称、发布诋毁你企业的信息或者利用各种不正当的交易手段损害了你的利益，那么这些行为都属于法律上的不正当竞争的行为。在你拿起法律武器维护自己权益的时候，同样可以享受到“免费律师”的特权。

法律依据：

法律条文

《反不正当竞争法》第十七条规定：“因不正当竞争行为受到损害的经营者的赔偿数额，按照其因被侵权所受到的实际损失确定；实际损失难以计算的，按照侵权人因侵权所获得的利益确定。经营者恶意实施侵犯商业秘密行为，情节严重的，可以在按照上述方法确定数额的一倍以上五倍以下确定赔偿数额。赔偿数额还应当包括经营者为制止侵权行为所支付的合理开支。”

第三种：合同纠纷中债权人行使撤销权诉讼案件

“债权人行使撤销权”这个概念很拗口，但实际上是经常被忽略的一个非常有力的法律手段。假如你的债务人恶意不还钱，还把自己的房子车子低价卖给亲戚，让你拿不到钱。这时如果用传统的执行手段最终可能会颗粒无收，但是如果行使“债权人的撤销权”，把债务人卖车、卖房的合同撤销掉，然后再执行这些房和车，就会很好地保障债权人的利益。在进行“债权人撤销权”诉讼的过程中，也可以让对方支付律师费用。

法律依据：

法律条文

《中华人民共和国民法典》第五百四十条：“撤销权的行使范围以债权人的债权为限。债权人行使撤销权的必要费用，由债务人负担。”

第四种：合同中明确约定律师费由败诉方承担的案件

《民法典》允许当事人“意思自治”，只要双方在合同中明确约定“如果产生纠纷，律师费由违约方承担”，那么这样的约定就是合法有效的。在签订合同时，对于一些对方违约风险较高的事项，不妨同时把律师费条款写入合同，一旦产生纠纷直接找律师处理，省时省力。

法律依据：

法律条文

《中华人民共和国民法典》第一百一十九条：“依法成立的合同，对当事人具有法律约束力。”

第五种：地方特色

在司法实践中，很多地方对律师费还有地方特色的规定。例如上海地区侵权类案件，不管是交通事故、网络诽谤、人身伤害类的案件，都可以要求侵权方支付律师费。在深圳，员工和单位产生劳动纠纷，也可以在胜诉后让单位承担律师费。

法律依据：

法律条文

《上海市高级人民法院关于民事案件审理的几点具体意见（沪高法民〔2000〕44号）》规定：“侵权损害赔偿纠纷案律师费可否作为损失要求赔偿？

我们认为，所谓损失，是指因违约方或加害人的不法行为给受害人带来的财产利益的丧失。**律师费在性质上应属于财产利益，原则上可以作为损失**，但不能超过加害人或违约方应当预见到的范围。鉴于目前律师收费有按规定收费和协议收费两种，我们认为，受害人与律师协商确定的律师费，如果高于有关规定的，则高出部分可认为超过了加害人或违约方应当预见的范围，对超出部分应不予支持。”

《深圳经济特区和谐劳动关系促进条例（2008年11月1日施行）》第五十八条规定：“在劳动争议仲裁和诉讼过程中，劳动者胜诉的，劳动者支付的**律师代理费用可以由用人单位承担**，但最高不超过五千元；超过五千元的部分，由劳动者承担。”

除此之外，在一些仲裁案件、法律援助案件中，都有类似的规定。但是聪明的你肯定也发现了，上述一系列“免费请律师”的规定，都暗含着一个前提条件——案件首先要胜诉。也就是说，在这些特定案件中，只有打赢了官司，法院才会让对方帮你支付律师费。所以除了知道哪些案件能“免律师费”外，在起诉之前充分、准确地评估案件的胜诉概率也是非常关键的。

给人做担保只是签个字那么简单吗？因为担保变得一贫如洗真的只是传说吗？

很多人都认为帮别人担保没什么大不了，作为担保人签个字只是举手之劳罢了，冤有头、债有主，只要自己不拿钱，就不会有什么责任。实际上，这种观点是错误的，担保的后果可能比想象的要严重很多。

2011年那场著名的钢贸危机中，钢贸行业因债务问题，有超过10人自杀、300多人入狱、700多人被通缉，导致的坏账规模近100亿美元。究其原因，有钢材价格波动和信贷环境恶化的大背景，但不能忽视的是这些钢贸企业之间的互相担保同样导致了危机的迅速蔓延。当时，很多钢贸企业为了获得银行贷款，在申请贷款时会让其他钢贸企业作为担保方进行担保，这种模式在钢贸圈中大行其道。后来市场情况发生变化，一家企业出了问题还不了银行贷款，其他企业就一起被银行追债，一传十、十传百，连锁效应快速发酵，使得这场危机在短时间内大规模爆发。

担保是一个比较笼统的概念，一般意义上我们提到的担保，主要是作为保证人在别人的合同上签字。这种行为在法律上被称为“保证”。根据我国《民法典》的规定，一旦成为保证人，当债务人不能履行债务时，就要承担责任（一般保证），或者当债权人要求时，就要承担责任（连带保证）。简单来说，在一般保证的情况下，只有别人还不出钱的时候，保证人才要替他还，而在连带保证的情况下，债权人甚至可以不管借钱的人，直接让保证人还钱。可见某些情况下，替人做担保甚至比直接借钱的责任还要大。

这里就有一个因为替人担保把自己变得一贫如洗的真实案例。家住山东日照的陈某本是一名小学教师，从2012年开始因为结识了一些做小额信贷的人，就开始以“替人担保”的形式来“赚外快”。据陈某自己介绍，他每担保一万元钱，借款人会给他三百元到四百元不等的费用作为酬谢。由于替人担保只需要签个字就可以坐收渔利，加上不了解其中的法律责任，陈某没有禁得住诱惑，陆陆续续地帮人担保了七八十万元的借款。后来，这些借款到期了，有些借款人按时清偿了债务，但大部分借款人都没有还款。不到一年时间，陈某就因为多起担保的债务问题被起诉，银行账户都被冻结。陈某家境并不富裕，妻子务农，两个子女要抚养，现在工资账户又被冻结了，无法补贴家用。原本不富裕的家庭已经一贫如洗，还要忍受债主们一次次上门索债，可谓是苦不堪言。

从这个案例不难发现，**担保不是简单签个字就完事了，而是要对债务的履行负责到底**。所以，碰到类似的求助，要求提供担保的情况，我们应当充分评估法律风险后，再决定是否帮忙。主要有以下几个方面的问题需要我们特别注意：

（1）防止被骗保。很多情况下，不法分子为了从银行套取资金，会向保证人做误导性的陈述或者直接引诱欺骗保证人，例如许诺借款成功后给保证人好处、虚构借款项目的盈利前景、谎称自己资信良好，等等。最终，这些不法分子拿到银行贷款后就销声匿迹了，而保证人则被银行索债、起诉。

（2）审查资信背景。在遇到亲朋好友或者生意伙伴要求担保时，要问清借款用途、详细了解借款人的还款能力，在此基础上评估借款金额、利息是否都在借款人的能力范围内，从而理性决定是否提供担保。

（3）要求反担保。《中华人民共和国民法典》第三百八十七条："第三人为债务人向债权人提供担保的，可以要求债务人提供反担保。反担保适用本法和其他法律的规定。"如果帮人做担保，还可以要求他向自己提供一定的抵押物、质押物等，以防止对方到期不还钱自己要承担责任。例如，给借款人提供担保时，让借款人把他的名贵珠宝质押给自己或者将车辆抵押给自己等。

（4）注意审查合同。在签字时应注意审查合同，尤其是保证金额的条款。现实中还存在鱼目混珠的情况，例如，借款人谎称借款金额是 100 万元，拿出空白合同让保证人签字后，自己在金额上多写了一个“0”，最终担保的金额就变成了1000万元。贷款到期不能还款时，银行找保证人，保证人才如梦初醒，但白纸黑字已成铁证。因此，保证人在签约时，应当避免在空白合同上签字；对于阿拉伯数字书写的保证金额也要格外留意，应在数字后用汉字再次备注具体的金额，防止被恶意篡改。

（5）降低保证责任。前文介绍了保证分为一般保证和连带保证。那么在保证时，应当选择责任较轻的一般保证，只有债务人还不出钱的时候才承担还款义务。这里需要注意的是，选择一般保证时一定要在合同中写入“一般保证”这四个字，否则根据法律规定，约定不明的视为连带保证。

有句话说得很好：“读书是为了心平气和地跟混混讲话，练肌肉是为了让他心平气和地跟你讲话。”当然，如果斯文含蓄的你真的练不出一身结实的肌肉，学点法律知识，你一样也可以很强势。读完这一章的内容你会发现，被人侵权了不一定都要用拳头来解决，正当防卫原来也是有“套路”的，遭到网络暴力时用法律手段来“复仇”可以这么给力。

第三章

用法律保护自己：

没有肌肉也可以很强势

正当防卫的正确姿势是怎样的？

生活中，经常有这样场景，因为一点小事，不知道是谁先动了粗，两人就扭打在一起，一顿比画，最后都被警察按住了。这时，总会有一方理直气壮地跳出来说“是他先动手的，我是正当防卫”，然后得意扬扬等警察给他撑腰。然而，警察却总是对这种看似“有理”的辩解无动于衷，处理结果总是一视同仁——该罚的罚，该关的关。这种“被人打了不能自卫”的现象让很多人非常不解，甚至有人发出了这样的疑惑：“我们国家到底有没有正当防卫？”

答案是肯定的，我国当然是有“正当防卫”的。只不过司法实践中被认定为“正当防卫”的情况非常罕见，所以才会引起大家误解。《中华人民共和国刑法》第二十条规定：“为了使国家、公共利益、本人或者他人的人身、财产和其他权利免受正在进行的不法侵害，而采取的制止不法侵害的行为，对不法侵害人造成损害的，属于正当防卫，不负刑事责任。”这短短的一段话，看似波澜不惊，实际上暗藏玄机。正是因为很多人无法解读出这段话中隐藏的条件，才在实际的“自卫”过程中犯了错，使得本意中的“防卫”变成了“违法”。

寥寥数十字的法律条文中，至少暗含着五个条件。满足这五个条件，才能合法地“召唤”出“正当防卫”：

（1）事出有因。防卫行为必须是因为对方的不法行为，而且这种行为必须是现实存在、已经发生的。基于假想或者误解的防卫是违法的。

（2）时间要求。防卫行为的开展必须在不法行为发生后到结束前，司法实践中对提前防卫和事后防卫都是持否定态度的。也就是说，对方的不法行为没有开始的时候和不法行为结束后都不能进行防卫。

（3）对象明确。防卫的对象只能针对实施不法行为的人。如果防卫者在防卫过程中伤及无辜或者打击错误，那么要承担相应的法律责任。

（4）防卫目的。防卫者的目的必须是防止自己或他人的合法权益遭受侵害，不能有任何其他目的。在这个问题上是容不得一点瑕疵的，这一点也是导致很多防卫行为“变质”的主要原因。例如，挑动对方先动手，然后进行所谓的防卫就是动机不纯；两人本来就是约架互殴，不管谁先动手，都不是正当防卫；一开始出于保护自己还手，后来“越战越勇”变成了伤害，也是违法的。

（5）防卫限度。即便防卫行为都符合了上述四个条件，但是如果超过了必要的限度，就属于防卫过当，同样违法。除了针对正在进行中的行凶、杀人、抢劫、强奸、绑架以及其他严重危及人身安全的暴力犯罪外，其他情况下都要考虑防卫的限度问题。

看到这里，估计很多人都蒙了。正当防卫有这么多的限制条件，真的碰到坏人施暴，千钧一发的关头，哪还有时间来琢磨这些法条？确实，如果要死记硬背上面的条件，估计想明白的时候，坏人也已经得手了。针对这个问题，我把上面的五点总结为“五不要”，只要记好“五不要”同样也能掌握正当防卫的正确姿势。

（1）不要先动手。防卫就是人不犯我，我不犯人，假如你提前动手，显然无法证明对方要对你进行不法侵害，正当防卫也就无从谈起。

（2）不要起恶念。防卫的目的是保护自己和他人，一旦这个因素发生了变化，你也就丧失了防卫的基础。例如互殴、约架，不管是谁先出手，双方都不属于正当防卫。

（3）不要打不停。如果你的防卫手段已经让对方无法反抗或者不能继续施暴时，请及时停止任何防卫行为，否则会被认定为不单纯是为了防卫，而是为了伤害。

（4）不要乱打人。正当防卫只能针对施暴者本人。

（5）不要打太猛。正当防卫要有限度，在制止对方施暴的前提下，尽量降低自己防卫的暴力程度。一般认为，只要防卫的暴力程度不高于施暴者的暴力程度，都有被认定为正当防卫的空间。例如，对方只是轻微地推搡你，而你却打断了对方的腿，显然就是超过了必要限度。

千言万语总结为一句话：防卫是为了制止而不是加害。对这个原则理解得越深，离正当防卫的正确姿势就越近。

如何有效处理网络暴力？

现如今，很多人都有自己的微博、微信等自媒体账号，也有很多论坛、贴吧可以供大家随时发布自己的所感所想、生活点滴。正是由于信息发布的随意性，网络上的“暴力”行为也屡见不鲜，而这些自媒体账号、论坛也已经成为“网络暴力”的温床。

网络暴力是寄身于网络空间里用文字、语言形成的伤害、诽谤和污蔑。不同于现实中血肉相搏的暴力，网络暴力不会直接带来身体上的疼痛，但是会给人造成巨大的精神打击。近年来，已经有越来越多的人遭遇了不同形式的网络暴力，例如隐私上网、人肉搜索、网络侮辱、网络诽谤等，由于这些行为都发生在虚拟空间，受害者往往不堪其扰，但又无计可施。

遭遇网络暴力，单凭自己的力量既无法查明“坏人”的身份，也没办法有效阻止这些行为，所以需要拿起法律武器通过法院的介入来捍卫自己的权益。今天教大家一个法律方面处理的SOP（标准作业流程）：

第一步，**止损**。不管是被人肉搜索还是被人侮辱诽谤，首先要做的就是防止损失扩大。我们知道，网络暴力都是有指向性的，施暴者往往会直接@被攻击者的微博账号、微信号等，然后再对不明真相的网民进行煽动、引诱。这时为了防止自己的相关信息进一步泄露以及自己好友列表中的亲朋被骚扰，首先要做的就是把自己的账号“改名换姓”。如果你的社交账号（包括和手机号码关联的社交账号）是实名、真人头像，那么赶紧改掉，同时暂停添加好友。必要的时候，还可以把自己公开关注的朋友、亲人暂时取消关注，防止不必要的麻烦。

第二步，**取证**。到“坏人”发布“网络暴力”信息的网站、论坛、手机应用上对相关的信息进行保存取证。最规范的方法是对电子数据（曝光你信息的网页等）进行公证保存（主要通过公证处进行）。但是很多人都觉得麻烦，而且公证要花钱。

那么还有两种方式：

（1）保存网页和数字证书。（数字证书相当于网页的身份证，能完整反映证据来源，通过简单的操作就可以保存在本地计算机中）

（2）拍照截图。（这种方式取得的证据可信度最低，例如无法完整反映来源、可篡改等）

上述两种方式虽然不需要第三方配合，自己就可以独立完成，只要庭审时对方没有对这两种方式取得的证据提出异议，那么是可以被认定为有效的。当然，这两种方式取得的证据存在不被采信的风险，所以最为推荐的做法还是花费一定的成本由专业的公证机构完成证据的公证。

第三步，**通知**。不管发布这些“网络暴力”信息的平台是网站还是手机 App，它都有一个管理方或者运营方，这时候你就要跟对方联系，明确告知你被侵犯了隐私或者遭受了侮辱，要求对方删除相关信息。**同时还要把你跟网站、手机 App 管理者沟通的记录保存下来**。这一步很重要，证明你已经通知了对方。如果网站、手机 App 的管理者怠于履行删除义务，那么你就可以直接根据《民法典》第一千一百九十五条要求网站一起承担赔偿责任。

第四步，**追凶**。这个时候通常侵权信息已经被删除了，但你还是气得牙痒痒，因为藏在网络背后的罪魁祸首仍然身份不明。其实要想查明谁是真凶，并不困难，**直接让网站、手机 App 的运营者提供就可以了**。

法律条文

《最高人民法院关于审理利用信息网络侵害人身权益民事纠纷案件适用法律若干问题的规定》规定：“人民法院可以根据原告的请求及案件的具体情况，责令网络服务提供者向人民法院提供能够确定涉嫌侵权的网络用户的姓名（名称）、联系方式、网络地址等信息。”

如果网站、手机 App 的运营者不肯提供，不用跟他们多说，直接根据上面的规定，**谁不给告谁**。在诉讼过程中，你前面取的证据就很关键了，法院将会对证据进行审查，看看是否存在相应的侵权行为，还有你是否已经对网站、手机 App 进行了通知，这时只要把证据一股脑儿地提交给法院就行了。

在法官主持公道下，拿到幕后坏人的个人信息后，当然是毫不犹豫地有仇报仇，有冤报冤了。你只需要轻轻捋一下刘海儿，微笑着说**“追加个被告”**，就可以把“坏人”绳之以法。通过上面的诉讼流程，不但可以要求对方在公开媒体上澄清事实、赔礼道歉，还可以根据具体损失的不同要求对方进行经济赔偿。

从一开始的束手无策到最终学会吊打“恶人”，这个过程并不复杂，只要掌握了上述方法，大家都可以理直气壮地向网络暴力说“不”了。

怎样稳妥地向警察表示“我的律师马上就到”？

对于看过港剧的你，“我的律师马上就到”这句话应该是再熟悉不过了。警匪片里经常有这样的情节，黑道大哥被阿 sir（港片中对警官的常用称呼）请回警局喝咖啡时，一脸嚣张地说道：“我什么都不会说的，我的律师马上就到。”然后留下阿 sir 一脸“看不惯他，又干不掉他”的无奈表情。这样的情节当然有夸张的成分，但也从一个侧面凸显了刑事案件中律师的作用。刑事案件涉及犯罪和刑罚，涉及自由和名誉，任何一个环节处理不当，都有可能给一个人的一生带来毁灭性的打击。正因如此，我国的《刑事诉讼法》明确规定，当嫌疑人接受第一次讯问时就可以要求律师介入。

笔者曾经办理一起涉嫌知识产权犯罪的刑事案件。涉事的是一家销售公司的股东，以下暂称小 A。这天晚上被警察敲门，小 A 也很意外。直到第二天早上，当警察让他在刑拘通知书上签字时，小 A 才彻底认识到了问题的严重性。小 A 所在地区公安机关有个很人性化的做法，就是在刑拘送看守所之前，会让嫌疑人给家里打个电话告知下情况。小 A 拿起电话后第一件事就是让他太太抓紧时间跟律师联系。在这里小 A 实际上是表达了**"我的律师马上来处理"，但表达的对象是他太太**。

上午 9 点 30 分我接到小 A 太太的电话，得知人刚被刑拘，时间上的优势还在，就马上约了小 A 的太太在律所见面。一番面谈后，初步判断，这个案件存在一定的证据和定性问题。驱车赶到看守所，等见到小 A 已经是下午了。了解情况后，我的第一个问题是："昨天晚上警察肯定问话了吧，你都说了什么？"我问这个问题，其实就是在评估小 A 的口供会给后续辩护带来多大的难度，从而制定相应的辩护策略。

出乎我意料的是：

小 A 回答："除了公司的构架、人事安排、业务规模什么的，我基本上没说什么。"

我接着追问："你就说了这些？"

小 A 回答："因为我也搞不懂他们调查的目的是什么，我拿不准的地方基本就打太极了。"

"那没有跟警察硬碰硬，搞得不愉快吧？"我问。

"没有。"小 A 回答。

得到这样的反馈，我其实是很惊喜的。这里，聪明的小 A 实际上是以**一种双方都能接受的方式表达了"我的律师会替我说"**这层意思。

至此，小A的工作已经全部完成。剩下的就交给专业的人来做吧。通过和小A的谈话，我们初步判断，公安机关初步认定的罪名很难成立。但公安在未取得有效口供的情况下，直接拘人，肯定也有B计划。这个B计划，很有可能就是非法经营罪。我的辩护思路也已经明确，先击破原罪名，再否定非法经营罪。

从看守所出来已经下午5点左右了，我们第一时间驱车赶往办案单位找办案民警。在车上我的同事开车，我也没闲着：联系公司行政把涉案的商品图样照片发送过来，然后检索这款商品的商标注册情况；打电话给财务，了解公司的销售金额、销售方式和入账情况；检索该品类商品销售许可的行政法规和该市范围内的相关判例。在颠簸的车上还手写了一份取保候审申请书。

赶到办案机关的时候已经6点多了，我们见到办案民警后，先是提交了取保候审申请书。然后直接向民警全盘托出我们的法律意见：涉案商品的商标注册情况和种类存在严重瑕疵，商标侵权都很难构成，并且案件属于单位犯罪，目前的犯罪金额未达标准。再加上涉案公司与另一家公司在资质上有所混同，许可证的问题目前还存疑，即便认定为无证经营，目前尚未有无证经营类似商品被认定为非法经营的先例。

接待我们的是一位年轻的警官，当我们提到不构成他们现在认定的罪名时，警官反问我们：“你知道他们还涉嫌非法经营吗？”当我们阐述了非法经营也不构成的意见后，警官说了句“我要向领导汇报下”就急匆匆地拿着我们的取保候审申请书进入办案区了。

我们就在办案区外开始了漫长的等待，这一等就是两小时。等我们再次见到警官的时候，得到了一个好消息，警方同意取保候审申请。当天小 A 就重获自由了，从我们介入到小 A 取保候审，中间只隔了短短 9 个小时。最终，这个案件没有移送检察院起诉，公安机关以“不应追究刑事责任”对小 A 解除了取保候审，也就是说小 A 最终被认定为无罪。

看了这个案例，聪明的你应该知道怎么向警官表达**“我的律师马上就到”**了吧？

“能动手尽量别吵吵”这句话对不对？打人的成本到底有多高？

在网上广泛流传的段子里，东北爷们儿大都粗犷豪爽，他们的人生信条是“能动手尽量别吵吵”。如果两个东北爷们儿狭路相逢，一句“你瞅啥”，对方一句“瞅你咋地”就开始干架，毫不拖泥带水。明眼人看到这样的调侃，大多哈哈一笑也就不以为意。但现实生活中，不乏有一些青少年，血气方刚、意气用事，在生活中效仿网络段子中的“社会人”，遇事奉行“暴力法则”，往往把一点琐事演变为一场灾难。

实际上，大多数“动手不动口”的人之所以敢肆无忌惮地跟人比画拳脚，并不是真的无所畏惧，只是对“动手打人”的高昂成本还不太了解。前不久，某地的公安机关就用列公式的方法给大家算了一下“打人”的成本账。

（1）轻微伤直接成本 =5 天至 15 天拘留+500 ～ 1000 元罚款 + 至少 1000 元医药费。

（2）轻伤直接成本 =3 年以下有期徒刑、拘役或管制 + 经济赔偿 + 开除公职 + 社会及家庭影响。

（3）重伤直接成本 =3 年以上 10 年以下有期徒刑、无期徒刑或死刑 + 社会及家庭严重影响。

（4）打架附加成本 = 心情沮丧、低落、郁闷 + 名誉、形象受损 + 家人朋友担心 + 生意、工作可能蒙受更大损失。

（5）民事责任费用 = 诉讼费 + 律师费 + 医药费 + 误工费。

估计大多数人看到上面的“打人账单”已经开始头冒冷汗，庆幸自己在无数个冲动边缘把持住了自己。虽然这样的成本已经算是“触目惊心”了，但是根据笔者长年从事法律工作的经验来看，警察叔叔的账单还是“太客气”了。

打人的成本随着社会法制意识的不断提升也早已水涨船高。例如，被打者连轻微伤都达不到的情况下，如果被打的一方态度强硬地要求公安机关依法处理，那么打人者很有可能还是要面临 5 天以下的行政拘留。很多情况下，为了息事宁人、避免处罚，“出手打一拳，赔偿一万元”的现象已经时有发生。再如，打人者出手重了点，被打者直接被鉴定为了轻伤，那么打人者就构成了故意伤害罪，此时想要得到法院的轻缓判决就只能和被打者达成赔偿、谅解，在大量的轻伤害刑事犯罪中，这样的赔偿金额往往是远远高于实际损失额的，在经济发达地区，一个轻伤赔偿八万元、十万元的金额十分常见，甚至还有更高的情况。

有些人可能觉得“打人被判刑”是一件很遥远的事情，毕竟要非常严重的伤势才能够得上犯罪吧？但实际上，犯罪的门槛并不高，大量鸡毛蒜皮的邻里纠纷、家长里短就在这一挥拳、一动手之间演变成犯罪。

在司法实践中，只要证据足以认定打人者的故意行为造成了被打者轻伤或者轻伤以上的伤势，那么打人者就构成了《刑法》第二百三十四条规定的故意伤害罪。而判断伤势情况是否构成轻伤以上，则主要由鉴定机构根据两院三部[①]的《人体损伤程度鉴定标准》来鉴定。

下面摘录一段该标准中关于头面部轻伤的认定的条文：

轻伤二级

面颊穿透创，皮肤创口或者瘢痕长度1.0cm以上。

口唇全层裂创，皮肤创口或者瘢痕长度1.0cm以上。

面部块状瘢痕，单块面积3.0cm^{2}以上或多块面积累计5.0cm^{2}以上。

眶壁骨折（单纯眶内壁骨折除外）。

眼睑缺损。

一侧眼睑轻度外翻。

牙齿脱落或者牙折2颗以上。

腮腺、颌下腺或者舌下腺实质性损伤。

损伤致张口困难Ⅰ度。

颌骨骨折（牙槽突骨折及一侧上颌骨额突骨折除外）。

双侧鼻骨骨折；鼻骨骨折合并上颌骨额突骨折；鼻骨骨折合并鼻中隔骨折；双侧上颌骨额突骨折。

① 最高人民法院、最高人民检察院、公安部、国家安全部、司法部。

上面的医学用语看上去还不够直观，简单粗暴点的解释就是：**打掉两颗牙；脸上一块疤；眼皮打外翻；鼻子打骨折，都有可能构成轻伤**，打人者就要面临三年以下有期徒刑的处罚。我们知道，不管是鼻梁、牙齿还是眼皮都是很脆弱的部分，在打斗的过程中稍微用力一猛，这些所谓的“轻伤”就会很容易形成。一旦伤势达到轻伤，生活琐事就变成了“刑事犯罪”，打人者不但要搭进去工资做赔偿，还可能要面临牢狱之灾，这样的后果恐怕是大家都不想看到的。所以，“能动手尽量别吵吵”肯定是错误至极的说法，正确的处事原则应该是“能吵吵绝对不动手”。

当然，在现实生活中不惹事不代表事情不会惹上你。如果真的碰到了蛮不讲理的人对你进行了伤害，除了学会本章前篇“正当防卫”的正确姿势外，还要学会维护自己合法权益的正确方法，主要可以参考下面几个步骤：

（1）被人殴打后，第一时间报警。

（2）想办法控制打人者不要离开现场，等候警察处理。

（3）无法控制打人者时，尽量提供打人者的相关信息，例如学校、工作、住宅信息。上述信息可以通过向围观群众了解、通过案发现场的环境等推断或者调取附近的监控记录查看。

（4）对自己被打的地点、周围的环境以及自己的伤势情况进行拍照，保存证据。必要时可以向围观群众索要联系方式，必要时请来作证。

（5）及时就医，向医生描述伤势系被人殴打形成，让医生记入病历本，同时保存好就诊的记录、诊断证明、发票等证据。

（6）要求公安机关及时对自己的伤情安排伤情鉴定（确定是否构成轻伤、重伤等）。

（7）根据自己的伤势情况，要求公安机关按照法律规定对打人者进行相应的行政处罚、刑事立案。

（8）完整评估自己的损失和后续治疗费用的情况下，可以与对方进行和解。

（9）打人者不愿赔偿时，可以提起民事诉讼要求赔偿损失（可以同时提出精神赔偿），或者和打人者的刑事案件一并提出附带民事诉讼（不支持精神赔偿）。

法定代表人好不好当？身份证被人冒用注册公司怎么办？

在 CEO、CFO 等“洋气”的称谓还没有流行的年代，如果有人拿出一张印着“×× 公司法定代表人”的名片，那可真是派头十足、大有面子。在普通老百姓的观念里，“法定代表人”肯定是成功企业家，不但在公司里说了算，往往还腰缠万贯，简直是“高富帅”的代名词。但实际上，法定代表人不是只有光鲜的一面，同样也要承担非常严格的法律责任。近年来，随着人们风险意识的提高，越来越多的企业实际控制人开始选择更为隐蔽的方式来掌控公司，而把法定代表人的头衔让给其他人，以此转嫁法律风险。

法定代表人的法律责任可谓五花八门。例如，在特定情况下，公司不能偿还到期债务，法定代表人可能会被法院追债；当法定代表人的履职行为给公司造成损失时，要承担赔偿；当公司存在违规经营时，法定代表人个人要被工商部门行政处罚。更有甚者，当公司的经营活动涉及某些犯罪时，不但公司要承担责任，法定代表人也要接受刑事处罚。

正是由于法定代表人有着极高的法律风险，在一些经营不合规或者涉及犯罪的公司里，法定代表人的头衔成了烫手的山芋，没有人愿意接手。于是，市面上就出现了一种冒用别人的身份注册公司的情况。这些人通过各种渠道收买公民的身份信息，利用公司注册制度的漏洞进行公司注册。一旦你的身份信息被他人冒用，成为某些“皮包”公司的法定代表人，那么不仅得不到任何经济实惠，还有可能随时接收到法院开庭的传票和公安协助调查的电话，后果不堪设想。

曾有新闻报道：家住重庆云阳的个体经营户陈某在一次和银行对账的过程中，不经意间发现自己的名下多出了一家商贸公司。进一步查询后，陈某发现，注册这家公司的身份证，是自己在2007年补办的一张身份证。因为时间久远，他已记不清这张身份证的去向了。更让陈某意想不到的是，这家公司居然已经开了190多万元的发票，产生了30万元的税费，这笔税款目前已经算到了陈某的头上。陈某作为个体商户，如果还有欠缴税款，可能直接让他的工商年审无法正常进行，这让陈某寝食难安。

陈某的案例在生活中并非少数，如果你曾经遗失身份证件或者发生过个人信息泄露的情况，那么你就应该格外警惕这种风险了。假如不幸发现自己确实被人冒用身份证注册了公司，那也不用过度惊慌，可以参照以下步骤进行自救：

（1）收集证据。在公开的企业信息公示系统查询冒用你身份证注册的公司信息，并截图打印。准备自己的身份证明，如果自己曾遗失身份证，可将补办、挂失材料一起准备。

（2）工商举报。根据《中华人民共和国公司登记管理条例》第六十四条，提交虚假材料或者采取其他欺诈手段隐瞒重要事实，取得公司登记的公司应当被撤销，还要进行罚款。可以据此提供上述证据，要求工商部门撤销公司注册，在举报时应提交事先准备好的证据。

（3）公安报案。冒用他人的身份证件是一种治安违法行为，根据《中华人民共和国居民身份证法》第十七条，可由公安机关对冒用者处以二百元以上一千元以下罚款，或者处十日以下拘留。发现自己的身份信息被冒用，可以第一时间向公安机关报案。

（4）提起诉讼。既然公司是冒用身份证注册的，那就说明工商部门在登记注册的过程中存在工作疏忽。假如出现工商部门对举报不予处理的情况，可以直接以工商部门为被告提起行政诉讼，要求工商部门撤销该公司登记。类似的行政诉讼已有很多成功的先例。

当群主也会引火上身？群主怎么自我保护？

在移动互联网如此普及的今天，很少有人没入过群。各种 QQ 群、微信群已经逐渐成为大家交流互动的主战场，三五个好友或者一家三口都能组成一个群，聊聊家常、抢抢红包，每个人都美滋滋。既然有群，就一定会有建群拉人的群主。仔细地翻翻手机里的群，说不定你就是广大傲娇群主中的一员。建个群可能就是动两下手指、敲两下屏幕的事，然后就可以享受一呼百应、风光无限的群主特权了。但大多人都不知道的是，群主其实并不好当，如果当了不称职的群主，法律后果可能会很严重。

此前，浙江云和县就有一名群主被法院判刑。被告人谢某是一名 200 多人微信群的群主，从 2015 年 8 月开始，群成员张某开始在微信群里传播淫秽视频，短短两个月时间，张某一共在群里传播了 100 多个淫秽视频。而谢某作为群主，明明知道张某的这种行为是违法的，却从来没有制止过他，最终这种放任酿成了大祸。法院认定，谢某放任张某在微信群中传播淫秽视频，属于张某的共犯，最终和张某一起被法院判刑。谢某因为疏于管理，从群主变为罪犯，这样的教训不可谓不惨痛。

当群主除了刑事风险外，还有民事和行政的法律风险。例如，如果群成员大肆诋毁、侮辱其他人，群主在接到反馈后拒不处理的话，可能会被认定存在过错，从而承担赔偿责任；如果建群的目的是销售管制物品、违禁物品，群主还会被公安机关处以行政拘留等处罚。此外，《互联网群组信息服务管理规定》更是确立了**“谁建群，谁负责”**的原则，并对群主具体的管理职责进行了细化。《网络安全法》进一步明确群主的法律责任，严禁利用群组实施诈骗，传授犯罪方法，制作或者销售违禁物品、管制物品等违法犯罪活动。

群主的法律责任可谓种类繁多，而且大多散见于各个法律法规之中，想要系统全面地掌握这些规定，恐怕没有十天半个月是做不到的。群主们都是大忙人，要让大家都系统地学习这些条文，肯定是不现实的。这里笔者就把群主的责任要点和应对措施整理出来，只要注意做到以下几个方面，群主们照样可以高枕无忧。

（1）要公告。作为群主，首先要把建群的目的和群成员的行为规范作为范本公示在群公告中。以免出现当群成员违规发布信息侵犯他人合法权益时，其他人以群组中没有管理公告、存在管理失职等理由来追究群主的过错。这种公告可以采用范本模式，一文通用。例如：

“为维护本群的交流环境，特制定如下规则，请群友们遵守：

①不传播政治敏感话题。

②不诋毁、侮辱他人。

③不信谣不传谣。

④不传播涉黄、涉毒等违法信息。

⑤不从事网络赌博、虚假宣传、暴力恐怖等违法活动。

⑥不传播军事资料、国家机密等信息。

⑦不传播其他违反相关法律法规的信息、不从事其他违反相关法律法规的活动。”

公告发布后，可以同时发布到群中，在有新成员入群时提醒他们查看。

（2）要监督。群主要对群聊的内容进行日常监督，定期查看群聊的内容是否有不符合法律法规、群公告的内容，发现的时候，要及时对相关的群友进行制止。如果发现事态有恶化、严重的可能，在制止群友后同时保存相关聊天记录，以便事后证明群主已经尽到监督义务。

（3）要踢人。群主最有威慑力的武器就是将违规群友踢出群组。如果群友的行为已经非常恶劣，例如在群内组织赌博、传播淫秽视频等，在制止无效的情况下，应当及时将其踢出。如果已经出现了上述恶劣的违法行为，而群主只是口头警告，不采取最严厉的措施，可能也会存在一定的法律风险。

（4）要举报。当发现群内成员有违法、违规的言行时，群主在采取必要措施后，应当第一时间向有关部门举报，例如拨打“12321”网络不良信息举报热线、登录网络违法犯罪举报官网等，及时与违反犯罪行为划清界限。

什么样的伤害可以主张精神损失赔偿？

“你为什么要主张10万元的精神损失赔偿？”“因为这件事让我很受伤。”这样的对话场景对于律师来讲十分常见。经常有当事人因为一些生活中的纠纷，希望通过法律手段解决，在捋清了事实、证据后，总会愤愤不平地提出让对方赔偿精神损失。理由无外乎都是“因为这件事给我造成了心理阴影”“每天都有困扰，精神压力很大”“我的心灵遭受了不能弥补的伤害”，等等。越来越多的人能够从“精神损失”角度维护自己的合法权益是一件好事，说明大家的法律意识有所提高。但这并不代表所有“精神损失”主张都会被法院支持。

先来看三个问题，大家可以一起思考。

（1）租客小明和房东小红的租约还没有到期，突然有一天小红通知小明“房子不给你住了，马上搬走”。小明无奈，连夜卷了铺盖走人，寒风瑟瑟中露宿街头，备受路人冷眼，让小明几度产生了轻生的念头。如果小明要起诉小红违约，能否同时提出精神损失赔偿？

（2）小明买了一辆新车，新司机上路，开得小心翼翼。

突然小红驾驶一辆车向小明冲来，直接把新车的保险杠撞掉了。所幸小明人没事，但已经吓得瑟瑟发抖，再也不敢开车了。如果小明起诉小红赔偿车辆损失，能否同时提出精神损失赔偿？

（3）小明因为一点琐事和小红发生纠纷，被小红一顿暴打，打成重伤。如果小明要起诉小红索赔医药费，能否同时提出精神损失赔偿？

上面三个问题中，或许问题（1）和问题（2）中的情况下小明的精神伤害更为明显，但根据法律的规定，只有在问题（3）的场景下，小明提出的精神损失赔偿才会得到法院支持。

看看法律是怎么规定的：

法律条文

《中华人民共和国民法典》第一千一百八十三条规定：侵害自然人人身权益造成严重精神损害的，被侵权人有权请求精神损害赔偿。因故意或者重大过失侵害自然人具有人身意义的特定物造成严重精神损害的，被侵权人有权请求精神损害赔偿。

《最高人民法院关于确定民事侵权精神损害赔偿责任若干问题的解释》的规定则更为具体，其中规定：

第一条　因人身权益或者具有人身意义的特定物受到侵害，自然人或者其近亲属向人民法院提起诉讼请求精神损害赔偿的，人民法院应当依法予以受理。

根据上述规定，法院支持精神损失赔偿的范围主要包括两类：一类就是人身权利受损的情形；另一类就是具有人格象征意义的特定纪念物品被毁损，例如逝者留赠的纪念品、定情信物、遗留物等被毁损。不难发现，这些都是和特定人的人身权利密切相关的，也就是说，**人身权利和人身权利相关的利益是否受到损害才是法院是否支持精神损失赔偿的主要考虑因素**。

回到上面的三个问题，问题（1）里，小红仅仅是违反租赁合同的约定，没有殴打、侮辱小明，小明的人身权没有受损，所以无法提出精神损失赔偿。问题（2）里，小明的新车不属于有特殊意义的物品，也不能提出精神损失赔偿。如果把问题改一改，小明随身佩戴的爷爷使用一生的手表也被撞坏了，这块手表就属于“具有人身意义的特定物”，这时小明就可以向小红索要精神损失赔偿。问题（3）就很好理解了，小明被殴打，这是直接侵犯了小明的健康权，根据规定符合提出精神损失赔偿的条件。

在明白了什么情况下可以索要精神损失赔偿后，大家最关心的应该是精神损失赔偿的金额了。电视里经常爆出天价精神损失索赔的新闻，有的金额高达数百万元甚至上千万元，让人看得瞠目结舌。但这些报道往往雷声大雨点小，最后法院支持了多少就没有下文了。实际上，在我国的司法实践中，精神损失的赔偿标准并不高。某省份规定“公民身体权、健康权遭受的伤害已经构成伤残等级，精神抚慰金的数额可以结合受害人的伤残等级确定，一般不低于5000元，但不能高于80 000元”，有些省份的标准更低，“致人死亡的精神赔偿数额一般不少于1000元，最高不能超过20 000元”。目前可查的支持精神损失赔偿最高的广东省，也仅把数额上限定为30万元。而在大多数案件中，法院支持的精神损失金额大多都在数千元到万元之间，这和动辄百万元、千万元的精神损失索赔相比，可谓天壤之别。

天价精神损失索赔不但得不到法院的支持，可能还会得不偿失。在起诉时，法院按照规定要向原告收取诉讼费用。法院收取的诉讼费是按照原告主张金额的一定比例来收取的，也就是说提出的索赔金额越大，要交的诉讼费也越多。假如最后法院没能支持精神损失索赔，那么连诉讼费也要赔进去了。

讨债有理，绑人合法吗？

都说“欠债还钱，天经地义”，但在一些“老赖”的观念里，欠债的才是大爷，陈年旧账就是拖着不还，不管是上门追讨还是法院起诉，都充耳不闻，不配合、不出面、不沟通，碰到这样的情况，债主们真的要火冒三丈了。现实中这样的事情十分常见，很多债主脑子一热，采取了过激手段，最后不但钱没有要回来，自己也面临牢狱之灾。

曾有媒体报道了一则讨债不成反入狱的新闻：“面包车停在路边，5 人守候在车里。目标出现之后，被强行推到面包车里戴上头套拉走，用黄胶带捆绑手脚，开始绑票，电影情节般的镜头突然在街头上演。”而且最让人意想不到的是，新闻中的债主也是后来的主犯居然是一名退休警察。

王某是沈阳某公安局的退休民警，他和徐某之间存在债务纠纷，徐某一直拒不还钱。王某虽然当过民警，但是法律意识很淡薄，他没有选择到法院起诉徐某，而是找了几个小兄弟准备“绑人”。2015 年 7 月 22 日，王某等人先是到徐某每天必经之路上的 KTV 附近踩点，然后制订了周密的绑人计划。第二天早上，王某等人驾驶一辆面包车停在了事先选好的地点，几人就在车上等候徐某经过。不久，徐某便像往常一样骑自行车经过，当徐某接近面包车时，王某等人强行把徐某推入车内，直接套上头套，捆绑了手脚，开始了绑票之旅。在王某开车非法限制徐某人身自由长达三个小时后，徐某趁王某不注意，跳车逃走了。最终，徐某报警后，王某等人悉数被抓。法院认定，王某虽然是以"讨债"为由对徐某进行人身限制，但是仍然不具有合法性，并且采用了威胁、捆绑的手段限制人身自由，这种行为已经构成非法拘禁罪。因为这不到三小时的绑票，王某最终获刑一年零五个月。

碰到欠债不还的债务人，债主最多只能要求他承担民事责任，例如赔偿违约金、利息等，但是如果为了讨债限制他人的人身自由，就可能涉嫌非法拘禁罪了。一般在司法实践中，只要非法拘禁他人的时间超过 24 小时，就可以认定构成犯罪，或者虽然时间未达 24 小时，但在拘禁过程中有捆绑、殴打他人的行为也属于犯罪。如果以这种过激的方式讨债，稍有不慎就可能从债主变罪犯。

常见的民间讨债行为除了上文提到的非法拘禁外，以下三种也要杜绝：

1. 暴力索债

很多债主血气方刚，看到欠债不还的老赖就怒火中烧，按捺不住要给对方一顿拳打脚踢。且不说拳脚伺候能否最终要回债务还是个未知数，如果一个不小心把对方打伤了，轻则治安处罚，重则构成故意伤害罪。如本书前文所述，打人的成本可是很高的，“能吵吵千万别动手”。

2. 非法侵入住宅

有些欠债者行踪诡秘，藏头藏尾，债主们没有办法就只能直捣老巢，去他家里耗着。如果欠债者或者其家庭成员拒绝债主进门时，千万不可使用暴力行为强行闯入，也不可长期赖在欠债者家中拒不离开，否则可能会涉嫌非法侵入住宅罪。刑法规定：非法搜查他人身体、住宅，或者非法侵入他人住宅的，处三年以下有期徒刑或者拘役。

3. 额外勒索

有些债主在讨债过程中，会对欠债者进行一些言语威胁，甚至轻微使用一些暴力，这种行为本身就已经违法。如果债主在这个过程中让对方偿还的金额高于实际债务，且没有合法的理由，例如高出部分不是约定的利息、违约金等。那么额外索要的部分，很有可能会被认定为敲诈勒索，如果数额较大，也有可能构成犯罪。

社会上还存在一些所谓的“讨债公司”，采取看似无害的手段帮助债主讨债，但是这些讨债手段也是游走在违法的边缘。例如，讨债公司会组织多人到欠债者的工作单位、住宅去闹事，可能涉嫌扰乱公共秩序；到欠债者家中去泼油漆、堵锁眼、砸东西，则又是故意毁坏财物的治安违法行为。总而言之，自力救济的讨债行为有各式各样的法律风险，自己索债时，一定要保持理性、平和，不要采取过激手段。如果自己的方法不能奏效的话，还是要及时采取法律手段来维权。

有人说处理家庭问题不能太较真，永远不要跟老婆讲道理，爹妈年纪大了也是要哄的，“熊孩子”长大了就会懂事的，类似的家庭问题还是要靠情商来解决。确实，家庭生活中难免出现磕磕绊绊，高情商毫无疑问是和谐生活的润滑剂。但是在大是大非的法律问题面前，就不能一味地用情商“和稀泥”了。碰上渣男应该妥协吗？送出去的彩礼还能要回来吗？遗嘱都是有效的吗？这些非黑即白的法律问题往往涉及切身利益，而且影响深远。如果不掌握法律上的“标准答案”，即便是想发挥“高情商”，恐怕也会心中没底。

第四章

家庭法律观：

给日常琐事一把法律的标尺

孩子叫“王者荣耀”可以，叫“塞外女侠”为什么不行？

给娃起名是个技术活，好的名字让人印象深刻，介绍起来也特有面子。差的名字，要么听过就忘，要么难于启齿。生活中，还有一些介于好名字和差名字之间的“怪”名字，可以说是印象指数爆表，但这些名字也同样让人“羞于开口”。网上广为流传的老版“奇葩名字”有秦寿生、付岩杰、姬从良等，大家已经是耳熟能详，再也戳不了我们的笑点了。但最新豪华升级版的名字可能会让你大开眼界，从大家晒出的户口本上看，有人叫“端木女王”，有人叫“倪罗飘雪”，有人叫“史诗王爵”，甚至还有坑娃的家长直接以给孩子起了手游的名字叫“王者荣耀”。并且，这些听起来跟闹着玩似的名字居然都成功上了户口。

看了这些“成功”的起名案例，估计有些人已经开始摩拳擦掌，要发挥艺术才华给自己或者娃“更名”了。但不要高兴得太早，最高人民法院的一批指导性案例给很多人泼了冷水，有人想起名“北雁依云”，但最终却被法院否决了。

什么？可以叫“王者荣耀”，为什么不能叫“北雁依云”？难道“王者荣耀”是托关系上的户口？实则不然，法律虽然支持公民享有姓名权、命名权，但并不代表就可以完全天马行空地起名字，“王者荣耀”之所以能够被法律允许，主要还是因为爹妈的姓氏“得天独厚”。我们来看一下“北雁依云”的案例就明白了。

家住山东济南的父亲小吕和母亲小张在2009年1月25日诞下一女。父母深知给孩子起名的重要性，想要从名字开始就让孩子赢在起跑线上。两人耗时多日、绞尽脑汁地给孩子想了一个侠骨柔情又诗意盎然的名字——“北雁依云”。不得不说这个名字确实不错，父母对自己的作品也非常满意，但当两人到派出所给孩子上户口的时候，办理户籍的民警皱着眉头看了半天才宣布：“这个户口不给上！”最终，派出所依照《中华人民共和国婚姻法》第二十二条规定，拒绝为其办理户口登记。

小吕和小张非常不解，网上有那么多类似的名字最终都成功地上了户口，为什么偏偏不给自己孩子上，莫不成是派出所故意刁难？随后，小吕和小张就以女儿的名义到法院起诉当地派出所。法院在审理过程中认为，“‘北雁依云’四字，虽然取自四首著名的中国古典诗词，寓意父母对女儿的美好祝愿。但此理由系仅凭个人喜好和愿望**创设姓氏**，具有明显的随意性。”故而判决驳回了起诉。

法院的观点解释出来其实很明确，创设姓氏指的就是“北雁依云”中的“北”或者“北雁”，由于父母小吕和小张两人既没有姓“北”的也没有姓“北雁”的，这么起名主要是来源于诗词歌赋的启发，那么这个姓可不就是被他们“随意创造”出来的嘛。

由于这个案件非常典型，被最高人民法院收录进了指导性案例，代表了最高人民法院对这类案件的态度。最高人民法院在案件评析中认为：

（1）**随父姓或者母姓是传统**。在中华传统文化中，“姓名”中的“姓”，体现着血缘传承、文化传统等，涉及公序良俗。**随父姓或者母姓**符合中华传统文化和伦理观念，也是通常的做法。

（2）**随父姓或者母姓有利于社会管理**。子女承袭父母姓氏有利于提高社会管理效率，便于管理机关和其他社会成员对姓氏使用人的主要社会关系进行初步判断。

（3）**有正当目的时，可以不随父母姓**。公民要求在父母姓氏之外选取其他姓氏的行为，不仅应符合社会公德，符合公序良俗，还应当具有正当目的。

从最高人民法院的评析中不难发现，“子女随父母姓”是有积极的社会管理和文化传承意义的，这也是目前司法实践中的主流做法。只有确实存在正当理由时，子女才可以不随父母姓。例如，当子女被其他人收养时，就可以以此为由要求不随原父母姓，或者父母的姓氏不利于子女人格尊严的维护，可以要求随其他直系长辈的姓，等等。

总而言之，子女的姓氏原则上还是要跟着父母走的，如果真的想改其他姓，不是不可以，但也不能太随意。回到开头“王者荣耀”的案例，之所以这个名字能登记户口，主要是因为人家的爹妈就姓“王”啊。

女友结婚了，新郎不是你，送她的钻石项链还能要回来吗？

女友结婚了，新郎不是你，这种感觉就像那首歌里唱的：“你的喜帖是我的请帖，你要的一切如今都变成我的心碎。”女友已成人妻，她的心注定得不到了，但在当初你侬我侬时，她要的礼金、钻石项链、金手镯，这一切真的都只能变成你的“心碎”了吗？其实并不一定。

家住甘肃省秦安县的小胡就通过法律手段从前女友那里拿回了这些财物。小胡和小杨曾是男女朋友关系，两人相处一段时间后彼此感觉不错，到了谈婚论嫁的阶段。2012 年农历八月初，小胡家正式向小杨家提亲，并订了婚。按照当地的风俗，小胡准备了 64 000 元的彩礼，还给小杨买了几件金银首饰和一部手机。但在订婚后的三年多里，因为各种各样的原因，两人一直没能走上婚姻的殿堂。2016 年年初，两家人在小胡和小杨的婚事问题上爆发了矛盾，最终双方同意解除了婚约。婚约解除后，小杨的父亲只退还了 10 000 元的彩礼钱，其余部分不愿意再退还了。2016 年 5 月，小胡及其父亲将小杨和她父亲起诉到法院，要求返还各项财物，款项 70 000 元。最终法院支持了小胡的大部分诉讼请求，判决由小杨和其父亲一次性返还小胡及其父亲彩礼 60 000 元。小胡的情况并非个案，在全国范围内有众多类似的案例，很多都得到了法院的支持。

法律条文

《最高人民法院关于适用〈中华人民共和国民法典〉婚姻家庭编的解释（一）》第五条：“当事人请求返还按照习俗给付的彩礼的，如果查明属于以下情形，人民法院应当予以支持：

（一）双方未办理结婚登记手续；

（二）双方办理结婚登记手续但确未共同生活；

（三）婚前给付并导致给付人生活困难。

适用前款第二项、第三项的规定，应当以双方离婚为条件。”

根据上述规定，只要赠送的“彩礼”符合上述三个条件之一的，即**没领证、领证了没过日子或者给“彩礼”导致生活困难时**，当事人都可以提起诉讼，要求对方返还“彩礼”。

看到这里，估计很多人也会疑惑。如果按照这样的规定，恋爱中送的那些定情信物、节日礼物之类的，岂不是都可以秋后算账？那谈恋爱收礼物岂不是变成了给自己添麻烦？其实这种担心也是多余的，司法解释规定可以返还的财物仅限于“彩礼”，说白了就是以结婚为目的赠送的礼物。而是否属于法律上的“彩礼”还要考察当地的风土人情和送礼时有没有缔结婚姻的表示，在上述两个条件都符合时才能认定为“彩礼”。所以，并不是说正常交往中的一束花、一盒巧克力都会被“讨回”的。

看了上面法律规定，除了让我们长知识外，也告诉我们一个道理：金钱并不能给婚姻做担保。已经拿到手的彩礼都可以说要回就要回，那就更不用说“感情”这种易碎品了。结婚这件事上，物质条件可以为婚姻锦上添花，但一定不能成为对价交易的筹码。年轻人要敢于对天价彩礼说“不”，还婚姻应有的温情和纯粹，恐怕这才是维系感情的最好方式。

怎么合法地让渣男、渣女“净身出户”？

相信每个人在步入婚姻殿堂时，都会觉得自己选择的伴侣是忠实坚贞的，也相信自己的婚姻最终会有童话故事一般的美好结局。但理想很丰满，现实往往很骨感。有些人开始发现，自己的另一半并不是想象中的“完美”伴侣，而是婚内出轨的渣男、渣女。发现出轨，双方的情感裂隙肯定无法弥补，渣男和渣女也不值得继续挽回，自然而然地就会想到打官司离婚、分财产的问题。对簿公堂时，受伤害的一方往往会拿出渣男、渣女们写下的净身出户的“忠诚协议”等有力证据，期望得到法庭的支持。但实际情况却是，“净身出户”诉求往往会因为“忠诚协议”存在各种各样的硬伤，而最终无法得到法院支持。

我们先来看几个错误的范例。

1.“净身出户”以离婚为前提

杨某和张某结婚后签订了《夫妻忠诚协议》，协议约定如果双方有一方婚内出轨，**在离婚后**，全部财产归另一方所有。在结婚后，杨某发现张某存在出轨和嫖娼行为，就起诉到法院要求让张某“净身出户”。

但出现的问题是，在案件的审理过程中，张某直接绕过了怎么分财产、是不是净身出户的问题，他直接**不同意离婚**。由于双方签订的《夫妻忠诚协议》中的“净身出户”暗含着两个条件：一是出轨；二是双方同意离婚。而现在张某不同意离婚，那么就不符合《夫妻忠诚协议》里的约定。同时，张某的做法也是有法律依据的，可以结合“离婚冷静期”制度，就说冷静期给了《离婚协议》反悔期，在冷静期内反悔的，《离婚协议》当然也就不生效。“净身出户”实际上也是一种财产分割的约定，在张某不同意离婚的情况下，这种约定当然也没有生效。所以，最终法院没有支持杨某的主张。[案例来源：（2015）长民四（民）初字第161号]

2. 不是出于真实意愿签订“净身出户”的协议

王某和赵某结婚后由于性格原因，一直争吵不断。赵某为了维系家庭和睦，在一次争吵后向王某写下了协议书：“我赵某婚后一切财产都无条件给予我的妻子王某，不管以后为什么事情离婚，我赵某都净身出户，财产自动转到我妻子王某名下，以此协议证明。”

在两人的离婚诉讼中，赵某明确提出，当时之所以签订这样的协议并不是为了处理财产，而是为了安抚王某，希望能继续过日子。最终，法院认为：“在双方争吵不休的情况下，被告出具承诺的真实目的是维护家庭和睦、稳定婚姻关系，而不是为了对财产进行约定。”最终没有支

持王某的诉求，共同财产还是要依法分割。[案例来源：（2016）鲁 0602 民初 5423 号]

3.《忠诚协议》中规定了过高的道德义务

尹某和王某婚后曾签订了《忠诚协议》，约定“如果王某做出对家庭造成伤害的事情，或者被尹某发现有出轨的现象，都必须净身出户”。后来，尹某发现王某有在外与他人开房的记录，认为王某出轨，起诉到法院要求王某根据协议净身出户。法院最终没有认定王某出轨，并认为“婚姻法所规定的夫妻应当互相忠实、互相尊重的义务，从立法本意上，是一种道德义务，而不是法律义务，夫妻一方以此道德义务作为对价[①]与另一方进行交换而订立的协议，不能理解为确定具体民事权利义务的协议，故该协议无效”。

上面几个案例中的问题都是比较典型的协议“地雷”，除此之外，类似的“净身出户”协议还有可能因为协议内容限制一方合法权利、约定过高的赔偿责任导致一方支付困难等原因导致协议整体或者部分失效，最终无法达到“净身出户”的效果。

虽然在让渣男、渣女“净身出户”的道路上有很多“雷区”，但如果绕开了这些“雷区”，也是有可能达到效果的。现实生活中，有如下几个方式可以参考。

（1）签订合法有效的《忠诚协议》。婚内签订的《忠

① 可以简单理解为“作为交换”，意思是为了让一方做某事而承诺支付金钱等作为代价。

诚协议》必须是双方真实意思表示，且不违反法律、行政法规强制性规定，也未损害他人利益。这里面的细节问题就很多了，例如不能以单方保证书的形式签订；要对共同的财产详细列举、明确分割；要对“出轨”等条件进行合理、明确的约定，当然还要避免以上案例中的雷区。在《忠诚协议》符合法定要件的情况下，有很多案例支持了“净身出户”的主张。[参考（2015）闵民一（民）初字第5079号，（2016）粤20民再15号判决书。]

（2）签订《婚前财产协议》。《婚前财产协议》是夫妻双方对自己的婚前财产以及婚后共同生活获得的财产进行分配的一种约定。

法律条文

《中华人民共和国民法典》第一千零六十五条规定：“男女双方可以约定婚姻关系存续期间所得的财产以及婚前财产归各自所有、共同所有或者部分各自所有、部分共同所有。”

《婚前财产协议》可以约定夫妻双方的大部分财产均归一方所有，在共同生活过程中起到对一方的保障作用。如果双方和睦生活，当然可以继续共享这种财产利益，如果感情破裂，就可以此为由要求财产分割。当然《婚前财产协议》也应当符合法律规定，如果自己无法把关，可以到公证处进行公证。

（3）在对方转移、隐匿财产时采取措施。如果一方在离婚时有转移、隐匿财产的现象，这时另一方就要抓住机会大做文章了。

法律条文

《中华人民共和国民法典》第一千零九十二条："夫妻一方隐藏、转移、变卖、毁损、挥霍夫妻共同财产，或者伪造夫妻共同债务企图侵占另一方财产的，在离婚分割夫妻共同财产时，对该方可以少分或者不分。离婚后，另一方发现有上述行为的，可以向人民法院提起诉讼，请求再次分割夫妻共同财产。"

当然这种情况下，除非对方转移财产的行为非常恶劣，法院一般还是以"少分"为原则，以"不分"为例外的。

当军属有荣耀也有风险，军婚为什么不好离？

《战狼》《红海行动》等军人题材大片一度在全国热映，观众纷纷表示："看到祖国这么强大，我就放心了。"同时，电影里军人主角爆表的颜值、灵活的身手和神秘的工作性质，让广大适龄女性彻底疯狂，造就了一众"迷妹"粉丝团。如果能嫁给帅气的飞行员、特种兵、指挥官，不但安全感满满，还能成为光荣的军嫂，收获旁人羡慕的眼光，估计很多"迷妹"已经开始蠢蠢欲动了。

虽然不想泼冷水，但是作为一本严肃认真的法律读物，还是得郑重地提醒大家：军婚有荣耀，但同时也有风险。因为，军婚真的不太好离。

先来看一个案例。

张某和徐某曾是高中同学，毕业后徐某入伍从军，成为了一名光荣的军人。由于本身就是同窗好友，张某和徐某在后来的交往中慢慢产生了感情，并在2013年登记结婚。都说婚姻是爱情的坟墓，结婚后两人在生活琐事上也难免产生了摩擦，矛盾日积月累。加上军人工作性质的原因，两人聚少离多，久而久之，张某开始对这段婚姻产生了怀疑，并在2014年向法院起诉，要求离婚。然而，第一次离婚诉讼的结果是法院不准离婚。张某并没有放弃，2015年再次向法院起诉，结果仍然是不准离婚。一直到2016年，张某再次起诉，但这次法院的结果还是一样——不准离婚。

法院认为："现役军人的**配偶要求离婚，须得军人同意，但军人一方有重大过错的除外**。原告以双方无联系沟通，故夫妻感情已彻底破裂为由要求离婚，被告否认。被告则认为系因工作原因疏于和原告沟通，自身不存在重大过错。审理中，由于原告没有充分的证据证明双方存在原则性矛盾且被告有重大过错，故本院对原告要求与被告离婚的诉讼请求不予支持。"

法院的观点看上去很复杂，但其实可以总结为以下两个方面：

（1）军人徐某在婚姻中没有重大过错。

（2）军人徐某不同意离婚。

我们知道，在普通的离婚案件中，只要法庭认为夫妻双方的感情确实已经破裂，或者一方在婚姻中具有重大过错（主要指：①重婚或有配偶者与他人同居的；②实施家庭暴力或虐待、遗弃家庭成员的；③有赌博、吸毒等恶习屡教不改的），就可以判决离婚。而在军婚的审理中，法院却直接撇过了"感情是否破裂"的问题，取而代之的是重点关注"军人一方是否同意离婚"。**说白了，只要军人在婚姻中不存在重大过错，这婚能不能离，全看军人一方的态度。**

看到这里，可能会有人对这样的判决理由感到不解。但实际上，法院的做法是有法律依据的。

法律条文

《中华人民共和国民法典》第一千零八十一条："现役军人的配偶要求离婚，应当征得军人同意，但是军人一方有重大过错的除外。"

法律之所以这样规定，主要是考虑到了军婚的特殊性。军人作为守疆戍边的钢铁长城，长年驻扎在外，而在大后方中军人最为牵肠挂肚的"小家庭"，不能成为影响军人备战、守疆的不稳定因素。但现实问题却是，在聚少离多的情况下，军婚的感情纽带相对比较脆弱，也容易出现问题，所以法律在离婚的条件上赋予了军人很大的决定权。一方面，让军人作为决策方，给破裂的婚姻一定的缓冲期，增加挽回感情的可能；另一方面，也让军人和军属在缔结婚姻时能够充分考虑到现实的困难，避免冲动型婚姻，从而稳固军人的家庭关系。

当然，大家也不必盲目地对军婚产生畏惧，这里向大家提示军婚的风险，并不代表对军婚持否定态度。无非是想告诉大家，军婚虽然有荣耀和自豪，但军婚的背后更需要的是默默的付出和等候。在充分了解这些的情况下，仍然毅然决然地选择爱情，这样的婚姻才是最理性、最稳固，也是最值得尊敬的婚姻。

“女友和妈妈掉进河里先救谁”的标准答案是什么？答错了要坐牢？

女友嗲嗲地问：“我和你妈同时掉进水里，你先救谁？”看似波澜不惊的问题，实则暗藏杀机。其实很多人在回答这个问题前已经心中有数了，大多数人会选择先救母亲。但如果你大义凛然地回答：“母亲怀胎十月才有了我，养育之恩不得不报，先救我妈！”那你注定孤独一生。如果你违心地回答：“亲爱的，肯定先救你啊。”且不论自己过不过得了自己这关，说不定女友也会看低你一等。之前网上传出了这个问题的进阶版答案：“我会先救我妈，如果救出我妈后，你有个三长两短，我就跟你一起死。”呃，这个答案是不是左右逢源，这样回答女友总能满意了吧？但是，经过多个网友的真人实测，女友的答复往往是：“哼，油嘴滑舌。”

所以说男人难当，碰到这样的“无理”问题，左也不是右也不是，到底该怎么回答好呢？

现在广大男同胞们不用犯难了，这个问题在法律上已经有了标准答案。答对了，女友自然也无话可说，如果答错了，后果很严重，可能会坐牢。所以，赶紧拿出小本子记好吧。

先上答案。答案是：先救我妈，因为法律就是这么规定的！

再说原因：

从法律角度来讲，母子关系是一种确定的法律关系，而且彼此互有相应的救助义务。既然是“义务”也就是必须要做的事。假如母亲不慎落水，儿子在有能力施救的情况下，就必须救助。如果见死不救，导致母亲死亡，就属于刑法上“不作为”故意杀人，应当承担刑事责任。而男女朋友关系，并不像母子之间有明确的法律义务，如果不存在其他因素的情况下，对女友见死不救，至多承担民事赔偿责任，不会有牢狱之灾。

所以，从法律的角度上来讲，女友和母亲先救谁早有答案，就是必须先救母亲。

我国的国家司法考试就曾经出了这样的题目，可谓是跟这个问题如出一辙。题目是这样的：

下列选项中，哪些是正确的：

A. 儿童在公共游泳池溺水时，其父甲、救生员乙均故意不救助。甲、乙均构成不作为犯罪。

B. 在离婚诉讼期间，丈夫误认为自己无义务救助落水的妻子，致妻子溺水身亡的，成立过失的不作为犯罪。

C. 甲在火灾之际，能救出母亲，但为救出女友而未救出母亲。如无排除犯罪的事由，甲构成不作为犯罪。

D. 甲向乙的咖啡投毒，看到乙喝了几口后将咖啡递给丙，因担心罪行败露，甲未阻止丙喝咖啡，导致乙、丙均死亡。甲对乙是作为犯罪，对丙是不作为犯罪。

司法部最终公布的答案是 ACD。

这样的问题，如果写在考卷上，选错了最多丢几分；如果女友问出来，选错了最多闹情绪；但如果真的是碰到了现实场景，选错了答案，可能真的要进监狱了。所以说，学点法律还是很有必要的。

当然，这样的问题如果上纲上线在法律上讨论，未免略显生硬。不管怎么说，亲情和爱情是没有可比性的，也很难区分两者的价值几何，所以，在这个问题上没有适合所有人的标准答案。爱情毕竟不是非黑即白的选择题，只要坦诚地表达想法，从“爱”的角度出发来回答，这就是你的“完美答案”。

言语暴力、冷暴力属于家暴吗？遭遇家暴该怎么办？

提到“家暴”，估计大多数人想到的都是“拳打脚踢”的暴力场景。在生活中，还存在大量的言语暴力、冷暴力的现象，这些行为虽然不会造成直接的肉体伤害，但是长年累月的精神折磨，造成的后果往往更加严重。那么言语暴力和冷暴力到底属不属于法律上的“家暴”呢？

法律条文

《中华人民共和国反家庭暴力法》第二条规定：“本法所称家庭暴力，是指家庭成员之间以殴打、捆绑、残害、限制人身自由以及经常性谩骂、恐吓等方式实施的身体、精神等侵害行为。”

从上述规定不难看出，家暴除了传统意义上的肉体伤害，例如殴打、捆绑、残害、限制人身自由之外，还包含了谩骂、恐吓，也就是我们所说的言语暴力。但关于“冷暴力”是否也属于家暴，法律没有明确地给出答案。

一般意义上的冷暴力，主要是指对家庭成员的故意冷落，例如长期不说话，将沟通降低到最低限度，或者彼此漠不关心、有意疏远等。如果真的碰到了家庭生活中的“冷暴力”，这种感觉就像“守活寡”一样，真的会让人崩溃。但是由于“冷暴力”说到底也没有“暴力”因素，只是一种夸张形容，与直接的肉体、精神伤害相比，顶多是一种“慢性毒药”，所以司法实践中一般认为“冷暴力”不是家暴。参与起草《中华人民共和国反家庭暴力法》的某专家就认为“冷暴力”不属于家暴，认为家暴“应紧扣暴力二字，不应将其过于宽泛化”。

既然明确了什么是家暴，那么更重要的问题就是遇到家暴要怎么办？以下几个方面可供大家参考。

（1）亮明原则。很多时候，遭受家暴的一方出于各种原因，对家暴长久妥协，而这种忍让不但无法换来美满的家庭，往往还会让家暴变本加厉。所以，在遭遇家暴前就应当亮明自己的原则和底线。例如，告诉对方如果家暴，则立马分居、报警等，让对方知道你言必信，行必果，增加对方的心理成本，从一开始就杜绝家暴。

（2）及时自保。在遭遇家暴时，被家暴的一方往往势单力薄，不能控制事态的发展。此时应避免矛盾激化，应当抓紧时间离开现场或者安抚对方情绪，避免损害扩大。

（3）学会求助。在脱离险境时，应第一时间向公安机关报案，说明自己被家暴的情况，让公安人员上门调查并制作笔录，必要时还可以要求公安机关验伤。公安机关处警[①]、处罚的证据将是日后离婚诉讼中的有力证据。

（4）重视取证。很多家暴的案件中，被家暴的一方常常无法证明发生过家暴，如果被打时没有报警、没有证人，时间长了伤势也好了，在对方不承认的情况下就只能吃哑巴亏。所以，取证环节也非常重要，要及时保存拨打“110”的记录、公安机关的验伤通知书、医院的就诊记录，必要时还可以联系证人作证。

（5）申请保护令。可以向法院提供前面提到的证据，由法院下达“人身保护令”，禁止家暴者实施殴打、威胁、骚扰、跟踪的行为，还可以根据情况的严重程度禁止家暴者出现在被家暴一方住址、学校、单位等场所的200米范围之内。

（6）诉讼离婚。在我国，离婚主要以“感情是否破裂”为标准，但这种判断没有统一的标准，往往第一次诉讼离婚都不会得到法院支持。但如果能够证明对方存在家暴，那么法院就会直接判决离婚，可以早日脱离苦海。

① 指出动警力进行执法。

法律也有道德标准？婚姻第三者继承、包养协议都合法吗？

经常看到类似的花边新闻——“富家翁死亡，遗产全部留给了小三”“情人索要巨额青春损失，将有妇之夫告上法庭”“富豪签订情人协议，女方必须单身”等。这些报道给人的直观感觉就是“有理有据地耍流氓”。正常人都知道，各种婚外情显然是不道德的行为，而且往往都“上不了台面”，但这些新闻中的主角却非常具有法律意识地订立了各种协议、遗嘱，更有甚者还直接闹上了法庭，这种做法真的让人哭笑不得。类似新闻看多了，大家难免也会产生疑惑：这样不道德的“法律”行为最终能被法院支持吗？

都说“法律是最低限度的道德”，换个角度理解，法律中其实也隐藏着“道德标准”。从《民法典》的规定可以一窥究竟。《民法典》第十条规定：“处理民事纠纷，应当依照法律；法律没有规定的，可以适用习惯，但是不得违背公序良俗。”这里的“良俗”说白了，就是善良风俗，与我们传统意义上的道德有很多重合之处。《民法典》

的规定通俗点解释就是——做人是要有底线的，不然可能违法哦。

下面，我们看一个真实的案例。

四川省泸州的黄某和妻子蒋某结婚已经30年了，婚后一直未育，抱养了一个儿子。1994年，黄某认识了情人张某，之后开始长时间公开以“夫妻”名义同居生活。黄某的妻子蒋某发现了这个情况，想予以制止，但黄某不听劝说，继续婚外同居。2001年，黄某患上晚期肝癌，自知时日无多，便立下遗嘱：“我决定，将依法所得的住房补贴金、公积金、抚恤金和卖泸州市江阳区一套住房售价的一半（4万元），以及手机一部遗留给我的朋友张某一人所有。我去世后骨灰盒由张某负责安葬。”随后，黄某拿着这份具有道德“瑕疵”的遗嘱到了公证处进行了公证。

同年4月22日，黄某去世。张某拿着遗嘱向蒋某索要财产，但遭到了蒋某的拒绝。张某遂向法院起诉，请求法院根据遗嘱对黄某的财产进行分配，同时对遗产申请了诉前保全。法院经过4次开庭之后公开宣判，法院认为“尽管继承法中有明确的法律条文，而且本案中的遗赠也是真实的，但是黄某将遗产赠送给‘第三者’的这种民事行为违反了《民法通则》第七条‘民事活动应当尊重社会公德，不得损害社会公共利益，破坏国家经济计划，扰乱社会经济秩序’”，因此驳回原告张某的诉讼请求。

上述案件被称为我国“小三继承”第一案，最终以“小三”的败诉收场，体现了法律对“不道德”的容忍度。类似违反公序良俗被法院否定的案例还有很多，例如：

父母出钱买房和子女同住，约定子女份额占大头，最后子女起诉父母，想要赔钱打发父母出去住，法院以“违背善良风俗、传统美德”，对这种约定不认可，驳回了起诉。

为了分割遗产，子女提出自己曾给母亲守灵十天，按照 1000 元一天，收取“守灵费”，费用从遗产中支付，法院认为“子女为母亲守灵，属于晚辈对长辈寄托哀思的方式，要求从遗产中支付费用，不符合公序良俗”，最终不予支持。

为了包养情人和情人签订了“包养协议”，分手后，情人拿着协议起诉到法院，最终法院认为“包养协议违反了法律规定和公序良俗，应属无效行为”。

从这些案件，不难看出，当一种行为已经违反了公序良俗的情况下，法官可是很严格的，大槌一敲，直接驳回。这些案例也提醒我们，在现实生活中，在签订合同或者提出自己的诉求时，除了考虑合理与否外，也应当考虑道德层面的因素。如果行为本身已经违反了法律的道德底线，那么无论白纸黑字约定得多么清楚，最终也是无效的。

齐人之福能享吗？婚外情也有可能犯罪？

生活中，如果你听到某某渣男“劈腿”了，某某的老公“出轨”了，可能你已经习以为常，淡定地吃个瓜就完事了。毕竟类似的现象屡见不鲜，并且在很多人的认知中，这些行为至多是个私德问题罢了，但是如果告诉你曾经有渣男因为“劈腿”坐了牢，想必你也会大吃一惊。

这里就有一个“劈腿”三次，从“渣男”变身囚犯的真实案例。

赵某是1965年生人，2003年的时候和妻子林某在江苏扬州结婚，生育一女。婚后，赵某就开始隔三岔五多次出轨。

2005年7月赵某和赵某（女）在上海“结婚”并生育一女。

2007年底赵某和钟某在北京同居并生育一子一女。

2009年10月赵某和齐某在江苏昆山“结婚”并生育一女。

这么多年间，赵某在四个女人中间左右逢源，分别在四个不同的城市安置了“小窝”，还生养了五个子女。不得不说，赵某这“齐人之福”在一段时间内真的是被包裹得“天衣无缝”。但“常在河边走，哪有不湿鞋”，2012年，事情终于败露，赵某在上海被公安机关抓获。

年近半百的赵某被抓获后曾向公安机关表示：“我不是同时和四名被害人在一起，是有先有后的。我和林某是偶尔打电话，不怎么联系……我与赵某感情比较深……齐某在我公司工作……与钟某是在喝酒时认识的……”这些让人哭笑不得的辩解，显然无法掩盖他多年来的“花心”行为，最终法院审理认为：“被告人赵某有配偶而重婚，已构成重婚罪。”赵某被当庭判处有期徒刑1年6个月。

法律条文

《中华人民共和国刑法》第二百五十八条规定：“有配偶而重婚的，或者明知他人有配偶而与之结婚的，处二年以下有期徒刑或者拘役。”这就是法律上的重婚罪，从条文的规定可以看出重婚罪主要治的是两种人：

（1）已婚还要勾搭别人的人；

（2）知道别人已婚还接受勾搭或者主动勾搭的人。

当然，这里的“勾搭”只是一种形容，这两类人是否犯罪还要看这种“勾搭”是否达到了“重婚”的程度。刑法中的“重婚”并不单指“登记结婚”、领了两次结婚证而已，即便一个已婚者和第三者没有登记结婚，却以夫妻名义生活，这同样属于法律规定里的“重婚”。这种事实上的重婚主要表现为：已婚者与第三者举办了结婚仪式或者两人以夫妻相称且对外自居为夫妻等。

估计女生们看到这里一定觉得大快人心——终于有整治渣男的“核武器”了。而已经出轨或者准备出轨的“渣男”们看到这里恐怕都要惊出一身冷汗。婚外情，看似只是道德问题、家庭问题，但是如果真的符合了刑法规定的犯罪特征，道德问题就会直接升格成刑事犯罪。一句话，出轨有风险，滥情须三思。

“渣男病”也有可能涉嫌犯罪？女性遇到渣男胁迫怎么办？

“渣男病”的种类有很多，有前文提到的婚内出轨的，有骗财骗色的，有动手家暴的，还有玩失踪的，总之是形形色色、防不胜防。在生活中，除了刚才提到的几类“渣男”外，还有一种渣男也十分常见，而且特别可恨。

这类渣男在恋爱时，总是装作人畜无害的样子，可是一旦翻脸就原形毕露，他们往往会以公开女方的亲密照片、视频或者以女方隐私等为要挟，对女方进行赤裸裸的敲诈、人身控制甚至达到其他的不法目的。在碰到这种渣男时，女方往往忌惮渣男手中的“把柄”，只能忍气吞声，但在渣男变本加厉的恶行下，又不堪忍受。一时间进也不是，退也不得，十分痛苦。

其实这个时候，一味地忍让其实是解决不了问题的，还需要通过法律的途径来处理，看了下面这个案例，或许你就会明白了。曾经办理过一起敲诈勒索案件，受害人在事件中展现出了“教科书式”的完美自救。

受害人是一个年轻的姑娘。一天，她的 QQ 上收到了一个陌生人的好友申请——“我这里有点关于你的东西”，出于好奇，姑娘通过了这个申请，对方二话不说就发送了一条视频。姑娘点开视频后惊讶地发现，视频里面正是她和男友的性爱录像。

这些私密的东西，她一直都保存在自己的计算机上，从来没有向其他人泄露过，男友也表示绝对不是自己泄露出去的。陌生人是怎么得到的视频？

聪明的姑娘马上就意识到自己可能碰到了黑客敲诈。接着，两人就开始了斗智斗勇的过程，在此期间姑娘展现出了极高的法律素养。

姑娘主动出击：你想怎么样？

对方：我还没想好。

姑娘：没想好要多少钱？（**敲诈勒索罪要求行为人以索要财物为目的**）

对方：不为钱，图个乐子。（**不以索要财物为目的，顶多构成民事侵权**）

姑娘思考了一会儿故意报了个低价：我出500块买这个视频，你把视频删了。

对方感觉遭到了侮辱：500块？你当我要饭的？那就不谈了，我分享到黑客群里了。（**已经存在威胁的话语**）

姑娘：那你想要多少？

对方：至少1万块。（**明确的报价体现对方具有勒索财物的意愿**）

姑娘：我只有4000块，我也没有什么收入来源的，这是我能力的极限。（**当地的标准，敲诈勒索4000元以上才构成犯罪**）

经过一番讨价还价，最终双方同意以5000元成交。

姑娘：约个时间、地点，我把钱给你。（**为确定对方身份要求当面交易**）

对方：呵呵，你还是转账给我吧，提供你一个银行账号。（**被对方识破**）

协商之后，姑娘立马保存了聊天记录，然后到银行向账户进行转账，并保留了转账凭证。带着证据，直接到公安机关去报案。

公安在后续的侦查过程中，发现银行卡属于非实名注册的黑卡，但通过银行ATM机的取款录像和视频监控分析出了嫌疑人的行动轨迹，最终抓获了嫌疑人。

后续案件起诉到检察院，作为承办人检察官，我看到这份聊天记录后就基本认定这个案件定罪没有问题，所有法律上关于敲诈勒索罪的构成要件，都在双方的讨价还价中体现得淋漓尽致。所以很快就做出了构罪起诉的决定移送到了法院，最终嫌疑人也得到了应有的刑罚。

上面案例中，黑客换成“渣男”，在法律上的处理结果也是一样的，而且现实生活中，“渣男”通过视频、照片等威胁女友，实施敲诈勒索的现象更为普遍。作为受害一方，在遇到“渣男”实施敲诈勒索时，有几个关键点要格外留意：

（1）敲诈勒索行为往往以口头行为发生，应想方设法让对方通过文字形式沟通，并保存相关的沟通记录。这是定罪的最有力证据。

（2）敲诈勒索要求达到一定的犯罪金额，在讨价还价过程中在构罪金额以上达成协商，才能作为刑事犯罪由公安机关进行侦查。

（3）金钱交付的过程要留痕，证明对方已经取得财物。

（4）报案要及时，相信警察叔叔的专业水平。

“父债子还”合理吗？哪些情况下可以“父债子还”？

在很多人的观念里，“父债子还”是天经地义的。问到为什么父债一定要子还，答案往往是“因为他们是父子啊”。回答的人虽然理直气壮，但实际上法律中并没有规定有亲属关系就一定要债务共担。

从法律的角度讲，父亲和子女是两个完全独立的个体，各自对各自的经济行为负责，即便两人存在血缘关系，债主在讨债的时候一般也不能踩过界。类似股东和公司一样，股东虽然和公司具有股权关系，但本质上和公司属于两个不同的个体，在公司欠债的情况下，一般不能要求股东偿还。法律不让“父债子还”的通常做法，体现了情法融通的观念，毕竟父辈的过错不应累及子女。

当然，有通常就有例外。只有在三种情况下，才可以要求“父债子还”。

（1）子女继承了遗产

法律条文

《中华人民共和国民法典》第一千一百六十一条规定：“继承人以所得遗产实际价值为限清偿被继承人依法应当缴纳的税款和债务。超过遗产实际价值部分，继承人自愿偿还的不在此限。继承人放弃继承的，对被继承人依法应当缴纳的税款和债务可以不负清偿责任。”

也就是说如果子女选择继承父母的遗产，那么就应当偿还父母所欠下的债务。反之，如果不愿意继承遗产，就不需要偿还债务。这里，法律的设置还是比较人性化的，当子女选择继承遗产时，偿还债务也以遗产价值为上限。

总结出来一句话，如果遗产高于债务，继承后还了钱还有盈余。如果遗产低于债务，即便继承了，也不用多出钱，怎么选都不会亏。

（2）个体经营

法律条文

《中华人民共和国民法典》第五十六条规定：“个体工商户的债务，个人经营的，以个人财产承担；家庭经营的，以家庭财产承担；无法区分的，以家庭财产承担。”

个体工商户大家都了解，说白了就是小生意人。做这类小生意往往不会注册公司，多是以个人名义或者家庭名义登记一个个体户就开始经营了。

假如父母辈从事个体经营，而且还是以家庭名义进行的，不管子女没有实际上参与经营，在这个过程中欠下的债务都需要用子女、父母的共同财产来偿还。不难发现，相较于公司而言，个体经营的风险还是比较大的，毕竟公司仅以出资为限由公司承担责任，而个体经营的话，则会搭上家庭财产，连累到配偶、子女。

（3）父母因生活困难所欠债务

法律条文

《中华人民共和国民法典》第一千零六十七条规定："父母不履行抚养义务的，未成年子女或者不能独立生活的成年子女，有要求父母给付抚养费的权利。

成年子女不履行赡养义务的，缺乏劳动能力或者生活困难的父母，有要求成年子女给付赡养费的权利。"

假如子女拒不赡养父母，父母因为生活困难向他人举借的债务应当由子女偿还。

上面三种情况中，有的是基于遗产产生的债务承担，有的是基于赡养义务产生的债务承担，都有一定的特殊性。除此之外的普通债务是没有办法从父亲直接过继到子女身上。"父债子还"从封建社会时的"理所应当"变为现代法制社会中的"特殊例外"，实质上体现了法律和观念的进步和发展。

你知道遗嘱这么容易无效吗？哪种方式立遗嘱快捷又保险？

“遗嘱”在很多人的观念里是一个很晦气的事物。老人家不愿提遗嘱，因为不吉利，子女们想劝不敢劝，怕背上“贪图遗产”的骂名。在很多情况下，这种尴尬的状态会一直持续，最终留下一摊理不清的“身后事”，给子女们造成了很大的困扰。随着类似的遗产纠纷越来越多，大家也越来越意识到遗嘱的重要性，很多老人也开始自发地立起了遗嘱。然而，遗嘱看似只是“意思自治”[①]的一份简单文书，但在法律上的门道却不少。很多人拿着遗嘱要求遗产分割时，却发现这份遗嘱从头到尾就是无效的。

家住北京的赵某生前曾立下一份遗嘱。在赵某过世后，子女因为遗产继承的问题闹上了法庭。在法庭上，赵某的继承人拿出了赵某生前立下的遗嘱，主张按照遗嘱的内容对遗产进行分配。然而，经过法庭的审理发现，赵某的遗嘱上没有留下日期，签名也签在了遗嘱的首部。法院审理认为，遗嘱虽由赵某书写，但遗嘱内容不明确，书写随意，

---

① 指根据自己的主观意愿来决定民事法律关系的设立、变更和终止。

签名在上方不符合常理，也没有写明日期，最终被认定该遗嘱无效。

估计大多数人都会觉得，签名的位置、日期这些都是微不足道的细节，就算不规范也无伤大雅，怎么样也不会直接影响遗嘱的效力吧？但不得不说，遗嘱是一种极其“脆弱”的法律文书，任何一个细节上的失误，都有可能导致遗嘱变废纸。

仔细梳理一下可能导致遗嘱无效的因素，居然有十几种之多。

1. 立遗嘱人精神状况不良

很多情况下，老年人在弥留之际精神状态失常或者患有老年痴呆等疾病，此时立下的遗嘱可能会因为“无完全民事行为能力”而无效。

2. 自书遗嘱形式不完善

自书遗嘱顾名思义就是自己书写的遗嘱。此时，立遗嘱人需要亲笔签署姓名，注明年、月、日。上述内容缺一不可，如只有手印没有签名，或者只有签名没有日期，这些情况都会导致遗嘱无效。

3. 代书遗嘱、口头遗嘱等没有见证人

法律规定在找人代写遗嘱或者紧急情况立下口头遗嘱时需要有见证人在场，而且见证人的数量应该在两个以上。如果没有见证人或者见证人的数量不符合要求，遗嘱也会无效。

4. 见证人不合格

法律不仅规定遗嘱必须有见证人在场见证，还对见证人的资格有所要求。例如，见证人要有民事行为能力，见证人不能是继承人之一，见证人不能和继承人有利害关系，等等。例如，在找见证人时找了继承人的债主或者生意合伙人来见证，就有可能导致遗嘱无效。

5. 遗嘱内容违反公序良俗

现实中存在一些不道德遗嘱，例如希望“第三者”或者“二奶”继承自己的财产，从而写进遗嘱。类似的遗嘱内容因为违反了公序良俗，也会被法律否定。

上述几种是比较常见的遗嘱“雷区”，除此之外有的遗嘱处分了他人财产，有的遗嘱内容不真实，有的遗嘱未考虑弱势继承人，还有多份遗嘱内容冲突、遗嘱内容和遗赠协议冲突等五花八门的问题，这些都有可能导致遗嘱最终无效。

虽然遗嘱方面的法律问题千头万绪，但还是有很多人想要通过自学法律、短期速成来解决遗嘱问题。这种做法理论上来讲不是不可以，但是风险太大。万一不小心误入遗嘱“雷区”，不但之前的工夫都白费了，事后也会在继承问题上带来一系列不可避免的麻烦。

实际上，通过专业人士的帮助来确保遗嘱的效力是一种最优选择，而且类似的服务费用并不高。主要有以下两种方式：

（1）遗嘱公证

遗嘱公证是目前最普遍的一种方式。只要向公证处提供身份证明、财产信息等必要的材料，就会有专业的公证员对遗嘱进行指导和公证。现在很多公证机构甚至开始提供线上公证服务，只要在线提交材料就可以进行遗嘱公证的预约、初审等，高效又方便。

（2）律师见证

律师见证主要是由专业的律师在遗嘱的订立之前、订立之时进行完善的法律服务，包括对资产、行为能力等基础信息进行调查，对遗嘱的拟定提供建议或者代拟遗嘱，在遗嘱订立的过程中进行法律见证等。

同居真的没成本吗？为什么有人同居后摊上了巨额债务？

早些年，不结婚的同居基本上等于“耍流氓”，甚至在很长一段时间里，同居还被冠上了“非法”的前缀。然而，几十年后，大家的观念已经慢慢扭转，同居被发现是“试婚”的有效手段，婚姻大事不能草率，另一半是不是合格的伴侣，同居一下，就可以完美识别。在同居现象已经大为普遍的今天，很多人不知道的是，同居并不只是简单的搭伙过日子而已，同居的过程中也会产生很多法律问题，其中债务问题就是一个值得我们关注的方面。前不久有新闻报道，有人因为同居摊上了巨额债务。

侯某的同居男友于2015年10月车祸过世，生前两人未领取结婚证，只是同居关系。在男友过世后，一名自称是男友债主的人拿了一份231万元的借条，将侯某起诉到法院，以夫妻共同债务为由，要求法院判决她偿还这笔债务。由于侯某和男友并未登记结婚，法院也未能调取到结婚证，只是查出两人在公安机关户籍信息显示的“夫妻投靠”。随后，法院便据此认为两人属于夫妻关系，判决侯某于判决生效后五日内偿还原告债主 231 万元。

这份判决引起了轩然大波，关注的焦点主要集中在法院对于夫妻关系的认定上。针对这份判决，当地检察机关也认为存在不妥，遂提出了抗诉。目前，该案尚在进一步审理中。

上述案件虽然未有定论，但已经给大多数正在同居的或者准备同居的朋友们敲了警钟——同居的过程中也是有可能摊上债务的。

法律条文

《中华人民共和国民法典》第一千零五十四条规定：同居期间所得的财产，由当事人协议处理；协议不成的，由人民法院根据照顾无过错方的原则判决。

从上述规定可以看出，在同居的过程中，一方为了**同居生活**或者为了**共同经营**所举借的债务都应该由双方共同偿还。

1. 共同生活的债务

这类债务很好理解，例如为了租房、买家电、装修以及日常开支等用在两个人身上的债务，不管是哪一方出面去借的，都应该由双方共同偿还。

2. 共同经营的债务

这类债务主要是指同居双方做生意借的款项。假如双方不仅同居，而且还经营着夫妻店、公司或者其他生意，只要是为了双方共同的生意所借的款项，也应当由双方共同偿还。

在一些人的观念中，同居是没有成本的，无论是男方买单还是女方买单，只要是对方心甘情愿地花钱，即便日后一拍两散也算不到自己头上。但学了上面的法律规定，不难发现，如果买单的一方为了同居举借了大笔债务，那么最终还是有可能被债主告上法庭的。此外，从更加邪恶的角度考虑，难保没有别有用心的人，为了要回同居期间的花费，捏造债务、串通他人，向另一方追讨，碰到这种情况，大家可要擦亮眼睛了。

认定强奸真的只看女性怎么说吗？被人诬陷强奸怎么办？

有人说强奸是最容易被诬告的罪名，因为法律规定只要"违背妇女意愿"发生性行为就是犯罪，而是不是"违背妇女意愿"，男方说了不算，还不是靠女方一张嘴来说？

确实，强奸案件中的确存在诬告陷害的情形，例如嫖资纠纷引发的报假案，情感纠纷、一夜情产生的诬告陷害，等等。但在这类案件中一般司法机关会重点审查被害人衣物破损情况、身体伤痕情况等客观性证据来综合认定，并不是只听女方的说辞。

这样的回答显然不能让所有人消除顾虑，在客观证据都是造假的情况下，男方是不是死定了？有网友就提出了这样一个脑洞大开的问题："如果我的合租女室友趁我自慰后短暂离开之际，利用一切条件，造成被强奸的假象，然后及时报警诬我强奸。**我要怎么办？**"

在回答这个问题之前，先给大家普及三个法律概念。

（1）举证责任。举证责任，是一种法律推定的后果，即对特定类型的案件，法律规定由特定一方当事人承担证明案件事实的义务，如果该方当事人不能提供证据证明其主张，将推定其主张不能成立，而承担败诉的法律后果。现代**刑事诉讼中**，根据无罪推定原则，控诉方承担举证责任已成为一项普遍性原则，被告人不承担举证责任。无论是英美法系还是大陆法系，尽管法文化和法传统有所不同，但在遵循无罪推定原则的前提下，这一原则都具有普适性。在我国的刑事诉讼程序中也是一样，公诉机关，也就是**人民检察院是举证责任的主体**。那么刑事案件中检察机关无法充分举证的后果会怎么样呢？这就是我要提到的第二个问题——疑罪从无原则。

（2）疑罪从无。疑罪从无，是指在刑事诉讼过程中，一旦出现既不能排除犯罪嫌疑又不能证明有罪的两难情况时，从法律上推定为无罪的处理规则。最高人民法院常务副院长沈德咏在《中国法学》2013 年第 5 期发表题为《论疑罪从无》的文章，文中强调指出：疑罪从无的最大风险就是有可能放纵犯罪，而疑罪从有的最大恶果就是有可能出现冤假错案。**两害相权取其轻，宁可错放，也不可错判**。沈院长的文章从某种意义上可以反映一个阶段的刑事审判的司法导向，在司法改革、错案终身追究的大背景下，可以看出目前审判机关的观点就是要把疑罪从无原则摆在首位。那么如何评判一个案件的证据是否达到定罪标准呢？请往下看。

（3）证据确实、充分。我国的刑事案件一直以来都以“证据确实、充分”作为证明标准。《中华人民共和国刑事诉讼法》第五十三条规定，证据确实、充分，应当符合以下条件：（一）定罪量刑的事实都有证据证明；（二）据以定案的证据均经法定程序查证属实；（三）综合全案证据，对所认定事实已排除合理怀疑。无论是针对三年以下的轻罪还是无期、死刑这样的重罪，也不论待证事实是定罪情节还是量刑情节，上述标准都具有普适性。相较于英美法系国家“优势证据与排除合理怀疑相结合”的证明标准以及其他大陆法系国家“法官内心确信”的证明标准，我国的证明标准无疑更加严格。简言之，当所有的**涉案证据以及证据之间的逻辑联系都不存在疑点**，才能认定为证据确实充分，才符合起诉、定罪的标准。

翻译一下，上面那三段看了会睡着的话实际上告诉我们一个很简单的事实：办理刑事案件的时候**证据都是要检察院、公安去搞定的**，它们要是搞不定或者**弄来的证据存在疑点**，那么嫌疑人就**不能定罪**。

回到问题本身，大家看到这个假设的时候可能会觉得逻辑严密，计划周全，顺利立案，男方完蛋。但我想说的是这是一种文字感官折射的假象，我们知道具体侦办刑事案件的时候并不是打个电话、写个报案材料这么简单。刑事案件中，尤其是强奸类案件，公安机关、检察院会**多次、详细地对被害人进行深入的询问**。也就是说，诬陷自己的女室友，她要多次与身经百战的刑侦人员、资深检察官进行深入交流，并且要在他们环环相扣、精心设计的问题下编织不能被识破的谎言。下面拿个常态化的问话笔录给大家看看。

问：你身上的这个抓痕是怎么形成的？他用哪只手抓的？当时你有没有反抗？有没有在他身上留下伤痕？

答：……

问：当时是不是在床上发生的？是不是就是刚才我们提取的床单？

答：……

问：你当时穿的什么衣服？衣服是怎么破损的？他具体是怎么撕扯的？他穿的什么衣服？你有没有撕扯他的衣服？

答：……

问：在这个过程中你有没有大叫？你房间还有没有其他室友？楼上还有住户吗？

答：……

问：他是怎么进入你的房间的？为什么让他进来？他进来说了什么？结束之后他又说了什么？

答：……

上面的问话只是一部分，一般的强奸案根据案件情况的不同，**十几页二十几页的问话笔录十分常见**。尤其是一些存在疑点的案件，问话笔录可能会更多。有的朋友可能会说，大不了说太紧张记不清楚了，答不出来的问题就糊弄过去之类的。但我想说的是，司法人员在问话的同时也在对事实进行评判，一个问题答不出可以原谅，如果很多问题都答非所问且无法印证的话，检察官的小本子上就是存疑加十分，存疑加二十分……如果要诬陷别人，前提就是要让大家相信你说的话，不是吗？

此外，还有很多其他的客观性证据可以相互结合来印证口供的真实性，比如上面问话中提到的发生性行为的床单上是否有精斑、皮屑、毛发；案发房间是否有自己的指纹、脚印；垃圾桶里是否有擦拭私处的纸巾；彼此指甲缝里是否有对方的皮肤组织，等等。对了，还有不在场证明。此外，如果侦查机关对被害人的说法存在怀疑但又不能肯定的情况下，还可以通过**测谎加强心证**[①]。

到这里有人又要说了，测谎有什么难的？心理素质好是测不出来的。**测谎鉴定是不是无法测试心理素质好的人**？

答案是**否定**的，心理素质在一定程度上可以影响测谎结果，但是人的一切行为来源于大脑，思维和语言也如此，说真话和说谎话都是大脑经过逻辑思维运动后产生的语言现象。说谎中枢位于大脑的下丘脑区，一般不受人的意识控制。

并且测谎不是测谎言本身，而是测试心理受刺激后引起生理状态的变化。现在测谎仪多选用脉搏波、呼吸波和皮肤波三项指标，此三项指标是人体中不易受大脑皮层意

① 指通过测谎的结果来加强对自己内心想法的确认。

志控制而反映人的本能条件放射、心理压力的较敏感生理指标。（转引自《司法鉴定》，中国法制出版社）

说了这么多，总之一句话，是不是强奸显然不是只看女方怎么说，而是需要其他证据来印证的，任何人都可以编造一万种谎言，但是每个谎言后面都有一百万个细节等着你去印证。

求职者，尤其是职场新人往往是被压榨的对象，当自己权利受损时，要会妥协；在涉及利益分配时，要识大体；在工作忙得焦头烂额时，还要有担当。老板每次用奉献、牺牲来要求你，每次拿着未来的大饼塞给你时，你有没有那么几次忍不住想要说脏话？求职不等于卖身，求职者们要拿起法律的武器，勇敢对职场中的无良行为说“不”。任性“炒鱿鱼”、职场性骚扰、拖欠社保和工资……碰到这些问题怎么办？一起来看看应对之道。

第五章

职场法律手册：

求职不等于卖身，这些事你应该知道

什么情况下被开除了还能“发笔小财”？

比被“炒鱿鱼”更让人恼火的，是无缘无故地就被“炒鱿鱼”。细数网上“炒鱿鱼”的奇葩理由，真是让人哭笑不得，有因为穿衣打扮太邋遢被炒的，有因为家住太远被炒的，还有和老板星座不合被炒的。不得不说，这样的老板真的太“任性”。

就有一位奇葩的老板，为自己的任性付出了代价。四川自贡某法庭曾公开审理了一起劳动争议案件，起因是老板居然以“缘分已尽”为由开除了员工。

涉事的员工李某诉至法院，称2003年年初到被告单位上班，其间任劳任怨地工作，每天长达十多个小时，节假日也不休息。但直到2006年，老板才开始为原告购买养老保险，2008年才与自己签订劳动合同。到了今年2月，老板的一番话彻底让李某绝望了，老板找到李某，对他说：“我们之间缘分已尽，从现在开始，你不用上班了。”“缘分已尽”这么不走心的理由真是让人相当无语，估计李某听到这句话的时候，内心肯定受到了十万点伤害。后来，李某愤愤不平地把老板告上了法庭，要求老板支付19万元人民币的经济赔偿。在法庭的审理过程中，法官结合查明的案件事实，辨法析理，对双方进行了劝导。老板也终于意识到了自己的“任性”，同意一次性向李某支付人民币3万元，李某接受了这一方案，案件以调解结案。

上面案例中的任性老板之所以肯狠心割肉赔偿员工，并不是因为突然间的良心发现，而是法律规定在单位**违法解除劳动合同**时应当向员工赔偿。从这个角度来讲，被任性老板“炒鱿鱼”也不一定是件坏事，毕竟不善待员工的企业也很难长久，及时抽身而退，顺便拿笔赔偿金，也是不错的选择。

碰到下面几种“违法辞退”的情况时，员工们可要睁大眼睛了。

1. 毫无缘由地任性“炒鱿鱼”

《中华人民共和国劳动合同法》第三十六条规定：用人单位与劳动者协商一致，可以解除劳动合同。注意这里的用词，“协商一致”后可以解除。也就是说一般情况下，在没有正当理由时，老板单方任性地“炒鱿鱼”属于违法辞退。文章开头提到的家住太远、星座不合、衣品太差、缘分已尽等都属于此类情形。在单位单方面违法辞退员工的情况下，员工是有权要求单位进行赔偿的。这里需要注意的是，如果单位想要辞退员工，但在谈话后让员工主动提交了离职申请，那么在法律上不属于违法辞退，而是员工自愿离职。

2. 法律不让炒，结果还是被炒

法律为了保障一些特殊时期的特殊员工，明确规定在几种情况下，单位不得单方面辞退员工。如果属于下面几类情况，还是强行被单位辞退了，那么单位也要进行赔偿。

（1）从事接触职业病危害作业的劳动者未进行离岗前职业健康检查，或者疑似职业病病人在诊断或者医学观察期间的。

（2）在本单位患职业病或者因工负伤并被确认丧失或者部分丧失劳动能力的。

（3）患病或者非因工负伤，在规定的医疗期内的。

（4）女职工在孕期、产期、哺乳期的。

（5）在本单位连续工作满 15 年，且距法定退休年龄不足 5 年的。

3. "炒鱿鱼"程序不合法

用人单位依据《中华人民共和国劳动合同法》第四十条解除劳动合同时，应当提前 30 日以书面形式通知劳动者本人或者额外支付劳动者一个月工资，同时用人单位应当事先将理由通知工会。"炒鱿鱼"不但需要正当理由，还需要合法的程序，如果单位依法解除劳动合同时，没有履行提前 30 天通知或者额外支付一个月工资的法定程序，这种辞退行为也是违法的，应当对劳动者进行赔偿。

除了上述几种比较常见的"违法辞退"情形外，在单位经营正常时，如果员工不存在法定"过错"，例如试用期证明不符合录用条件；严重违反用人单位的规章制度；严重失职，营私舞弊，给用人单位造成重大损害等情况时，单位单方决定与员工解除合同的，也属于违法辞退。

最后，讲一下大家最关心的问题，被违法炒了“鱿鱼”到底能让单位赔多少钱？

一般情况下，根据《中华人民共和国劳动合同法》规定，一旦单位被认定为违法辞退，就应该按员工在单位工作的年限支付赔偿金，每满一年支付二个月工资。六个月以上不满一年的，按一年计算，支付两个月的工资；不满六个月的，支付一个月的工资。

老板跑路了怎么办？合法讨薪怎么做最有效？

前一篇文章说，比被“炒鱿鱼”更让人恼火的，是无缘无故地就被“炒鱿鱼”。那比无缘无故被“炒鱿鱼”更让人苦闷的，恐怕就是入职了“江南皮革厂”了，因为“老板带着小姨子跑路了”，辛苦干活的血汗钱恐怕都要打水漂，更别提什么赔偿了。

经济不景气的时候，跑路现象非常多，老板自己拍拍屁股溜了，留下一地鸡毛没人善后。这个时候员工们为了讨回自己应得的工资，往往是“八仙过海，各显神通”。在这些五花八门的讨债手段中，很多起不到任何作用，员工们还会因为违反法律把自己也搭进去。

比较常见的违法讨薪手段主要有：

1. 限制人身自由

“不给钱就绑人”，这在很多人看来是天经地义的讨债方法，殊不知这种做法已经触犯法律，严重的可能构成非法拘禁罪。背后的逻辑就是，即便老板再可恨，也不能随意侵犯他的人权。

2. 侵犯财产权

“不给钱就搬电视”，这种做法估计认同的人就更多了。拿东西抵债，在很多人看来是合理又无害的，但实际上这样的做法也是违法的。即便是欠债不还的人，他的合法财产权益也受法律保护，搬东西抵债搬得不好，也会出大事。如果强行破门而入可能涉嫌非法侵入住宅罪。搬的东西价值超过债务，又采用暴力手段，有可能涉嫌抢劫。即便是平和地搬走了价值相等的财物，也属于民事侵权。这种做法雷区很多，不建议铤而走险。

3. 侮辱名誉

例如，“写大字报”“拉横幅”“大喇叭骂人”，类似的行为可能就更低级了，采用这种侮辱名誉的方式，不但对讨薪帮助非常有限，其本身也属于违法行为，如果行为特别恶劣，也有可能涉嫌侮辱诽谤罪。

4. 自残自伤

经常有新闻报道，讨薪员工被逼无奈跳楼 / 自杀 / 自残。不得不说，这样的做法确实吸引了一大波目光，但是如果操作不好极有可能搭上性命。命都没了，还要钱干吗呢？

讨薪还是要以正规途径、借助法律的手段来实现。其实法律手段并不一定耗时冗长、迂回曲折，针对讨薪，还是有一些“快、准、狠”的方法可以采用的。

1. 行政手段

各地的劳动执法监察大队主要负责处理包括欠薪在内

的劳动违法行为。如果发现老板存在欠薪不付的现象，最有效、快速的方式就是直接到当地劳动执法监察大队进行举报。劳动执法监察大队会依据《劳动保障监察条例》依法对用人单位进行监督检查，并责令其支付拖欠的工资。劳动监察的周期相较于打官司会短很多，而且迫于行政处罚的压力，老板付起钱来也会比较利索。

2. 申请支付令

《中华人民共和国劳动合同法》第三十条规定：在用人单位拖欠或者未足额支付劳动报酬的，员工依法向当地人民法院申请支付令，人民法院应当依法发出支付令。支付令是法院签发的“催债”文书，如果欠薪老板在收到支付令后 15 日内没有提出异议，员工就可以直接要求法院对他的财产进行强制执行了。

3. 先予执行

如果上述做法都没奏效，到了非打官司不可的那一步，讨薪也是有特殊的法律优势的。法律规定“讨薪”类案件可以申请“先予执行”。也就是说，讨薪案件不需要漫长的排期、审理、开庭，在申请仲裁的同时就可以要求对欠薪老板的财产直接强制执行，很好地保障了作为弱势方员工的利益。

上班族也有“丹书铁券”？哪些人无法被开除？

在你毕业找工作的时候，一定被爹妈这样劝过：“××啊，找工作肯定要选公务员啊，工作稳定，铁饭碗。爸妈不要你赚大钱，稳定一点就好了……”每次听到这些话，估计你的内心都是十万个不赞同，爸妈不懂你心中的“星辰和大海”，你也不屑于这种“眼前的苟且”，但面对这样的劝告，你却往往无力反驳。

因为……公务员听起来好像确实比上班族稳定……

下次再碰到类似的对话，这里可以提供一个解决方案：“公务员确实相对稳定一点，但是稳定很大程度上代表了一成不变。公司职员虽然没有公务员那么稳定，但也多了很多自由选择发展的机会。并且，公司职员不是你们想的那样朝不保夕，在很多情况下，公司职员也可以手握‘丹书铁券’，不是上司想开就能开的。”

学会了怎么应对父母的“好意规劝”，法律上的“丹书铁券”也顺便了解一下吧。以下五类员工，不是想开就能开的：

第一类：“三期”女员工。

所谓“三期”就是指“孕期、产期、哺乳期”。孕产期的女性需要保持良好的心理状态，除了享受法定的假期外，还要保证工作的稳定，不能有后顾之忧。法律出于对孕产女员工的特殊保护，出台了类似的规定。

法律条文

《妇女权益保障法》第二十七条规定：任何单位不得因结婚、怀孕、产假、哺乳等情形，降低女职工的工资，辞退女职工，单方解除劳动（聘用）合同或者服务协议。

第二类：因工伤病的员工。

因工伤病主要是指因为工作原因负伤或者患上职业病。这类员工因为工作原因造成了自身的损害，对劳动能力产生了影响，这种后果或多或少与企业的劳动保护制度有关，企业应当承担起相应的责任，保障他们稳定工作的权利。

法律条文

《劳动合同法》第四十二条规定：在本单位患职业病或者因工负伤并被确认丧失或者部分丧失劳动能力的，用人单位不得依照本法第四十条、第四十一条的规定解除劳动合同。

除此之外，疑似职业病诊断或者医学观察期间的员工也不得随意辞退。

第三类：病号员工。

这类员工和第二类员工的主要区别在于，第二类员工是因工伤病，而此类员工则是因为工作以外的原因患病。出于对病号员工身心健康的考虑，法律规定，在医疗期内，企业也不得随意开除员工。

法律条文

根据《企业职工患病或非因工负伤医疗期规定》，医疗期是指企业职工因患病或非因工负伤停止工作治病休息不得解除劳动合同的时限。医疗期一般为3个月到24个月，以劳动者本人实际参加工作年限和在本单位工作年限为标准计算具体的医疗期。

第四类：老员工。

这类员工往往属于企业的元老级员工，他们劳苦功高，年事已大，再就业的能力也减弱，于情于理都应该得到企业的特殊照顾，更不应当随意辞退。

法律条文

《劳动合同法》第四十二条规定：在本单位连续工作满十五年，且距法定退休年龄不足五年的，用人单位不得根据劳动合同法第四十条、第四十一条的规定单方解除劳动合同。

看了上面的规定后，可能有些企业老员工已经想要释放压抑多年的情感，准备放飞自我了，先等等，这里还要再泼一盆冷水。就像“丹书铁券”也不能免了“谋反大逆”的死罪一样，上述几类企业职工如果触犯了一些“底线”，同样也是要被无情地“炒鱿鱼”的。

出现下面的情形时，企业可以立即辞退员工（包括上面的几类人）：

（1）自身能力太差，在试用期内被发现不符合录用条件。

（2）员工去其他单位兼职，还不听劝，给单位造成了影响。

（3）严重违反公司规章制度。过度放飞自我，例如长期不上班、迟到，等等。

（4）劳动者通过欺骗、胁迫手段签了合同，如简历造假。

（5）严重失职、营私舞弊给单位造成损害。

（6）被追究刑事责任。

不难发现，单位可以立即辞退的员工，都是一些触犯了工作底线的员工。对于普通的公司职工来说，只要不作妖、不添乱，本本分分地工作，还是可以得到应有的保障。

职场性骚扰有多普遍？遭遇性骚扰该怎么办？

性骚扰已然是一件很龌龊的事，发生在职场中的性骚扰则更是龌龊至极。一般的性骚扰还可以归咎为未开化的禽兽本性，或者一时冲动，而职场中的性骚扰，往往都是上位者利用资源、职权对下位者肆无忌惮的裹挟和欺凌。

“不让我碰就别想转正”“不从我明天就炒了你”，当这些中年油腻秃头男说出这样的话时，往往带着不容置疑的优越感和手握鸡毛当令箭的傲慢神态，给人的感觉就像在可乐瓶里扔进了润喉糖一般，呕吐物喷涌。

2011 年，有调查机构发布过一项调查。北京、广东等四地的 2000 份问卷调查结果显示，19.8% 的被调查者承认遭受过职场性骚扰；23.9% 的被调查者表示自己目睹过或者听闻过本单位有性骚扰行为的存在。在这么多受害者中，最终选择法律维权和报警的比例均不到 20%；54.4% 的受害者选择了隐忍。

从调查结果不难看出，职场中的性骚扰较为普遍，但遭受性骚扰的大多数人选择了沉默。隐忍显然无法解决性骚扰问题，只会让骚扰者变本加厉，想要杜绝这样的恶行，一定要学会如何识别和应对性骚扰。

性骚扰是指违背妇女意志，以具有性内容或者与性有关的语言、文字、图像、电子信息、肢体行为等形式对妇女实施骚扰的情形。主要包括：

口头形式：通过下流的语言挑逗女性，讲黄色笑话、开色情玩笑，等等。

肢体形式：故意碰撞、接触女性敏感部位，刻意制造不必要的肢体接触，直接亲吻、猥亵等。

环境形式：在工作场合设置淫秽图片、物品让对方难堪，或者带对方进入淫秽或具有性暗示的场所，例如情人酒店、钟点房等。

性骚扰在法律上是有很严重的法律后果的。

首先，性骚扰可能涉及《劳动法》问题。如果骚扰者任职的企业有相关的规章制度，规定员工性骚扰是严重违反规章制度的，那么一旦企业查明情况，就可以直接把骚扰者扫地出门。

其次，性骚扰还是一种治安违法行为，《中华人民共和国治安管理处罚法》明确规定，对“多次发送淫秽、侮辱、恐吓或者其他信息，干扰他人正常生活”的行为，公安机关可根据不同的情节，对当事人处以10日以下拘留、500元以下罚款。

最后，如果性骚扰情节严重，还可能触犯《刑法》，属于犯罪行为。《中华人民共和国刑法》第二百三十七条规定：以暴力、胁迫或者其他方法强制猥亵他人或者侮辱妇女的，处五年以下有期徒刑或者拘役。

很多骚扰者并非对自己的行为后果没有了解，但之所以还敢铤而走险，很大程度上就是知道大多数女员工忌惮自己的职权，不敢反抗。此时，作为女性，更不能沉默不语，给对方可乘之机，而要通过行动增加骚扰者的心理成本，通过取证维护自己的合法权益。

在遭遇职场性骚扰时可以从以下几个方面着手应对：

（1）要保持冷静，不卑不亢，同时与对方保持身体距离，告知对方不要继续骚扰行为。

（2）如果对方继续骚扰，在人多的场合时，可以提高声音给对方压力；在密闭环境时，应当抓紧时间离开。

（3）在性骚扰发生的过程中及时进行取证。这一点尤为重要，大部分性骚扰行为都是因为证据不足没办法证明发生过性骚扰，最终不了了之。这时可以及时地打开手机录音、录像功能进行取证，保存文字聊天记录、拍摄现场环境以及第一时间报警等候警察介入。

（4）在收集好性骚扰的证据后，可以第一时间向对方的公司、单位反映，要求对骚扰者进行处理。还可以将证据提交给公安机关，由公安机关进行治安处罚，如果涉嫌刑事犯罪的，还可以要求公安机关追究骚扰者的刑事责任。

试用期员工就低人一等？试用期能随意解聘吗？

职场里有这样一类人，他们说话细声细气，见人点头哈腰，做事再三请示，被教训了还连连点头称是。如果你身边也有这样的员工，那么十有八九，他就是个职场新人，用法律语言来说就是“试用期员工”。

“试用期员工”之所以如此“忍辱负重”，主要还是因为没有正式入职。在漫长的“待定期”内，总担心因为自己的言行举止、工作成果出现瑕疵，随时会被扫地出门。

不只是试用期员工，有些企业经营者、管理者也有类似的观念：“试用期”不就是“试用”嘛，不满意随时退货呀！

难道“试用期员工”真的就低人一等，可以想开就开吗？

答案是否定的，用人单位想要辞退试用期员工，同样也要符合法律的相关规定。

法律条文

《中华人民共和国劳动合同法》第三十九条规定：劳动者有下列情形之一的，用人单位可以解除劳动合同：

（一）在试用期间被证明不符合录用条件的；

（二）严重违反用人单位的规章制度的；

（三）严重失职，营私舞弊，给用人单位造成重大损害的；

（四）劳动者同时与其他用人单位建立劳动关系，对完成本单位的工作任务造成严重影响，或者经用人单位提出，拒不改正的；

（五）因本法第二十六条第一款第（一）项规定的情形致使劳动合同无效的；

（六）被依法追究刑事责任的。

看了上述规定，可能很多人会更加觉得“试用期员工低人一等”了，因为针对正式员工的开除条件中都是营私舞弊、刑事犯罪之类一听就很严重的错误，而针对试用期员工的只是“不符合录用条件”这样云淡风轻的原因。况且，符不符合录用条件还不是老板一句话吗？这种规定不就等于随便开除吗？

但实际上，想以“在试用期间被证明不符合录用条件”开除员工，并非想象中的那么简单。这里的关键点在“证明”和“录用条件”上。

先说“录用条件”。“录用条件”不是虚无缥缈的，也不能是随意设置的，应该和岗位的工作内容、职责相关。例如，软件工程师的录用条件或许是熟练掌握C语言、Java语言，此时，单位就不能以看不懂财务报表来辞退他。此外，类似的“录用条件”也应当是有据可查的，公司内部有专门的录用考核标准的，应当参照该标准，如果没有的，则应当参照招聘信息中的招聘条件。显然不能因为老板毫无根据的一句话就决定员工是不是符合录用标准。

除了“录用条件”的问题，最为关键的还是单位的“证明”责任，也就是说单位要拿出证据来证明员工不符合这种录用条件。举个例子，假如公司招聘的一名技术人员，在试用期内被发现对技术一窍不通，根本无法完成基础的工作内容。这时，如果老板只是暗暗在小本子上记一笔“过两天就开除你”。那么最终很有可能因为拿不出证据，导致败诉。聪明的企业，一般都会对试用期员工的工作表现设置考核制度，形成量化指标，甚至有些还会通过专业考试、转正考试的方式来获得“证明”优势。

如果企业没有明确的“录用标准”也没有办法“证明”员工不符合条件的话，这种辞退行为属于违法辞退，员工可以依据法律要求企业进行赔偿，如果员工想要继续在企业工作，还可以要求企业继续履行劳动合同，重新回去上班。

除了辞退“试用期”员工，不能随心所欲之外，企业还有一些其他常见的“试用期”违法行为，例如：

（1）超过法定期限约定试用期。劳动合同期限三个月以上不满一年的，试用期不得超过一个月；劳动合同期限一年以上不满三年的，试用期不得超过两个月；三年以上固定期限和无固定期限的劳动合同，试用期不得超过六个月。

（2）约定两次试用期。《中华人民共和国劳动合同法》第十九条第二款规定：同一用人单位与同一劳动者只能约定一次试用期。如果单位在试用期快到期时变卦，又想重新约定试用期期限的，也属于违法行为。

（3）约定的试用期与劳动合同期限相同。意思就是，试用期到了肯定不会转正。碰到这种“鸡贼”企业，上班族们可要擦亮眼睛了。

当员工们发现企业有类似的违法行为时都可以向所在地的劳动监察部门进行举报，或者收集好证据后提起劳动仲裁或者诉讼，通过法律手段维护自己的合法权益。

公司里也有“铁饭碗”？无固定期限劳动合同怎么签？

有段时间，网上一直有传闻：某知名互联网公司将清退34岁以上的所有老员工。消息一出，大家纷纷吐槽：年纪大的员工就要被辞退，这不是过河拆桥、卸磨杀驴吗？一时间，“无良企业”“黑心工厂”的骂声不绝于耳。直到最后该企业通过媒体辟谣，澄清了这是一则假消息，大家才大呼上当。

细心的你可能发现了，这个故事里最有意思的点，恐怕应该是“34岁”这个年龄问题了。为什么是清退34岁以上的员工？32岁、33岁的员工为什么不一起清退（请“80后”不要生气）？

其实，通过“34岁”这一细节，就可以判断造谣者多半懂点法，但又不专业。之所以选择“34岁”作为分水岭，还是因为“无固定期限劳动合同”的法律问题。

2008年1月1日《中华人民共和国劳动合同法》开始实施，其中就有规定：劳动者在该用人单位连续工作满十年的，应签订无固定期限劳动合同。由于《中华人民共和国劳动合同法》是2008年才实施的，所以“十年之约”最早也要等到2018年才届满。谣言中选定34岁以上员工，就是因为这个年龄的员工在2018年开始陆陆续续都赶上了“十年”期限，面临签订“无固定期限劳动合同”的当口了。

不得不说，造谣者是知道《中华人民共和国劳动合同法》关于“无固定期限劳动合同”的规定的，但显然他对规定的了解并不深入。其实，签订了无固定期限劳动合同并不代表员工就有了“铁饭碗”，而且并不是只有工作满十年才是签订无固定期限劳动合同的唯一条件。

无固定期限劳动合同最大的特点就是没有终止期限，相较于三年一签、五年一签的固定期限劳动合同来说，无固定期限劳动合同给人一种“稳稳的幸福”。但是这种幸福感和“铁饭碗”相比有很大差距。根据相关法律规定，即便签了无固定期限劳动合同，在某些情况下，单位也可以辞退员工。而且，这些所谓的辞退情形有14种之多：

法律条文

（一）用人单位与劳动者协商一致的；

（二）劳动者在试用期间被证明不符合录用条件的；

（三）劳动者严重违反用人单位的规章制度的；

（四）劳动者严重失职，营私舞弊，给用人单位造成重大损害的；

（五）劳动者同时与其他用人单位建立劳动关系，对完成本单位的工作任务造成严重影响，或者经用人单位提出，拒不改正的；

法律条文

（六）劳动者以欺诈、胁迫的手段或者乘人之危，使用人单位在违背真实意思的情况下订立或者变更劳动合同的；

（七）劳动者被依法追究刑事责任的；

（八）劳动者患病或者非因工负伤，在规定的医疗期满后不能从事原工作，也不能从事由用人单位另行安排的工作的；

（九）劳动者不能胜任工作，经过培训或者调整工作岗位，仍不能胜任工作的；

（十）劳动合同订立时所依据的客观情况发生重大变化，致使劳动合同无法履行，经用人单位与劳动者协商，未能就变更劳动合同内容达成协议的；

（十一）用人单位依照企业破产法规定进行重整的；

（十二）用人单位生产经营发生严重困难的；

（十三）企业转产、重大技术革新或者经营方式调整，经变更劳动合同后，仍需裁减人员的；

（十四）其他因劳动合同订立时所依据的客观经济情况发生重大变化，致使劳动合同无法履行的。

从上面的14种情形中不难发现，企业发现老员工存在不能胜任工作、严重违反制度等情形时，还是可以无视无固定期限劳动合同的光环，直接将员工辞退。即便员工签订了无固定期限劳动合同也不代表就可以肆意妄为，最终能不能保住饭碗除了和公司的经营状况相关，还要看自身的工作表现。

此外，“工作十年”并非是签订无固定期限劳动合同的唯一条件，《中华人民共和国劳动合同法》第十四条还规定，企业和员工连续订立了两次固定期限合同后，继续签约的话就应当签订无固定期限的劳动合同。还有当用人单位自用工之日起满一年不与劳动者订立书面劳动合同的，视为用人单位与劳动者已订立无固定期限劳动合同。

现实中，企业在经营过程中与员工签订无固定期限劳动合同的现象是屡见不鲜的，而且也无法避免，即便和员工签订无固定期限劳动合同也不代表企业就被员工“套牢”，同样可以依法解除劳动合同。所以传闻中企业对无固定期限劳动合同谈虎色变，甚至要清退员工的传闻也就不攻自破了。

从员工角度来讲，看了这篇文章后大家肯定都明白了无固定期限劳动合同显然不等于“铁饭碗”，最终能给自己提供保障的还是自身的核心竞争力。从企业角度讲，没有必要对无固定期限劳动合同望而生畏，企业主动承担一定的社会责任，给老员工们提供稳定的职业保障，并不会影响企业的长久发展，反倒能够彰显企业的价值观，凝聚人心。

《劳动法》有没有盲区？哪些劳动群体不受劳动法保护？

在同一个办公室上班，拿着差不多的薪水，做着内容相似的工作，每天朝夕相处的同事中可能就有这样一些人，他们和你们“不一样”，因为他们居然不受《劳动法》的保护？

此前，北京市海淀区人民法院就发布了一项调查的结果，公布了四种似是而非的“劳动关系”。这四类“劳动群体”是《劳动法》不保护的。

第一类，做兼职的在校生。

很多本科、研究生甚至是博士在读的同学往往时间充裕，就开始了所谓的校外兼职实习。他们中的很多人在实习中已经被用人单位“内定”为正式员工，也承担起了很多正式员工的工作。但由于在校生的身份特殊，一般认为他们不属于法定的劳动关系主体，所以，这些在校学生的兼职、社会实习、社会实践活动等，一般无法被认定为具有劳动关系，也不受《劳动法》的保护。

第二类，退休返聘人员。

有很多已经退休的企业员工因为技术、管理经验丰富，往往还会发挥余热，继续被返聘回企业工作。由于这类退休返聘的现象非常普遍，也经常会产生一些和企业之间的纠纷。当员工提起仲裁、诉讼要求依照《劳动法》享受合法的员工权益时，往往会因为双方之间不是劳动关系，而不被法院、仲裁机构支持。

实际上，退休返聘人员和单位之间的关系应当属于“劳务关系”而非“劳动关系”。相关司法解释明确规定，用人单位与其招用的已经依法享受养老保险待遇或领取退休金的人员发生用工争议，向法院提起诉讼的，法院应当按劳务关系处理。

第三类，承揽、承包人员。

企业中经常有一些事务性的工作经常会进行“外包”。例如一些个体人员承揽了企业的维修、保洁等工作。这些个体人员往往有自己的劳动工具，不来单位坐班，只是在单位有需求时才来工作。

法律上认为，承揽人按照定作人的要求，以自己的设备、技术和劳力，完成主要工作，交付工作成果，获得报酬的法律关系不属于“劳动关系”，而属于“承揽关系”。

第四类，个体家政人员。

曾经有案例，家政人员徐某经他人介绍，到王家担任“服务员”。双方口头约定，徐某需工作六个月，工作期间无双休日及法定节假日。后来，徐某认为自己已经和王家存在“劳动关系”，要享受劳动法上的双休日及法定节假日加班费。于是就起诉了王家，要求王家支付加班费等，但最终法院并未支持徐某的主张。

徐某的败诉是因为法律对此问题有明确规定，能够和劳动者建立劳动关系的用人主体里是不包含“个人”的。只有公司、企业、个体经济组织等才是劳动法意义上的“用人单位”。在上面的案例中，王家无法成为劳动法上的“用人单位”，双方也就不存在法律意义上的“劳动关系”。

虽然劳动法不保护上述四类人，但不代表这四类人的权益就无法保障。不难看出，虽然上面四类人和用人单位之间不存在“劳动关系”，但他们合作的基础都是口头或者书面的合同约定。只要双方在拟定合同之初把工作内容、工作条件、薪资报酬都加以固定，那么即便产生了纠纷也可以根据合同约定来维护自己的权益。

社保是员工福利吗？单位不缴纳社保该怎么维权？

在很多老板的心目中，给员工缴社保是一种很慷慨的行为，相当于在给员工发福利。很多员工也不明就里，领到了社保感觉像“捡了钱”一样高兴，甚至很多企业的 HR（人力资源部）也存在类似的误区，一直在给员工灌输“社保＝福利”的观点。

人力资源管理上把员工福利分为**法定福利**和**非法定福利**两大类。其中法定福利主要有养老保险、失业保险、医疗保险、工伤保险、生育保险、住房公积金、法定节假日、高温补贴、病假、产假工资等。不难看出，这里的法定福利就是我们常说的“五险一金”等。

然而根据《社会保险费申报缴纳管理规定》，单位为员工缴纳“五险”是一项**强制性规定**，员工不能放弃，企业也不能拒缴。法定休假、高温补贴等亦有相关的强制性法律规定。

这里就产生了一个很有意思的问题：**既然是强制的，还能叫福利吗**？

其实在我看来，人力资源管理上把“五险一金”称为法定福利，是一种企业本位的思想，在法律的强制性规定下，这种所谓的**“法定福利”对于企业来讲是一种义务，对于劳动者来讲是应得利益，所以称不上是“福利”**。

我们所说的**员工福利，应仅指“非法定福利”**，即企业在法定义务之外，为提升单位凝聚力或者提高员工满意度，自愿提供的额外利益。这一观点在财政部2009年下发的《关于企业加强职工福利费财务管理的通知》中有所体现：

> 企业职工福利费是指企业为职工提供的除职工工资、奖金、津贴、纳入工资总额管理的补贴、职工教育经费、社会保险费和补充养老保险费（年金）、补充医疗保险费及住房公积金以外的福利待遇支出，包括发放给职工或为职工支付的各项现金补贴和非货币性集体福利。

企业常见的“非法定福利”包括但不限于：

（1）传统节日礼品、补贴。

（2）生日、婚生礼品、补贴。

（3）住房、餐费、交通、通信、办公补贴。

（4）五险一金以外的商业保险。

（5）定期医疗体检。

（6）旅游、娱乐活动。

（7）弹性工作、休假制度。

在明白了哪些是员工应得的之后，很重要的问题就是“老板不给”怎么办？

遇到这种情况，首先要做的是收集保存双方存在劳动关系的证据。例如劳动合同、工资条、银行打款记录、工作证、工作服等能够反映自己在用人单位工作的系列证据。否则用人单位直接否认双方存在雇用关系，你又无法举证证明的话，就只能吃哑巴亏了。

其次，法律规定用人单位应当自用工之日起 30 日内给劳动者申办社会保险，如果用人单位拖延或者拒不申办，劳动者可以直接向当地的劳动监察部门或者社保部门进行投诉举报，只要劳动者能够提供存在劳动关系的证据，上述部门会自己对社保缴纳情况进行调查。

最后，劳动者还可以直接要求用人单位补缴社保，赔偿因此带来的经济损失，如果不想继续在用人单位工作，还可以直接要求解除劳动合同并让用人单位支付经济补偿。如果用人单位拒绝上述诉求，可以直接向当地的劳动仲裁委员会提起劳动仲裁。

“迟到罚款”合法吗？单位的“变相罚款”还有哪些招数？

场景一：冬日的清晨，大四学生小明正裹着被子呼呼大睡，“哔哔哔”，闹钟突然响起，小明不情愿地从被子里探出手，按下闹钟，然后继续打起了呼噜。

场景二：一年后的清晨，上班族小明同样正在酣睡，“哔”，闹钟刚响一声，小明已经一个鲤鱼打挺，摆脱了被子的纠缠，急匆匆地刷牙洗脸去了。

问：是什么让小明发生了巨大的改变，是他对事业的追求和对明天的憧憬吗？

答：想多了，上班打卡，晚了罚钱。

估计大家都有过这样的经历，因为赖床、堵车早上没能按时打卡上班，导致被公司狠心地“罚了款”。多数人在被罚款后，除了“肉疼心碎”外，只会自认倒霉，毕竟自己迟到了嘛。但实际上，很多人不知道的是，单位对迟到员工罚款这件事本身就是违法的。

“迟到罚款”的现象之所以这么普遍，还要从历史问题讲起：

1982 年国务院发布的《企业职工奖惩条例》，该条例第十一条规定：对于有下列行为之一的职工，经批评教育不改的，应当分别情况给予行政处分或者经济处罚……

很多企业为了规范员工考勤制度，纷纷根据条例的规定设置了“迟到罚款”制度，在很长一段时间里，这种做法是合法的。但是到了 2008 年《企业职工奖惩条例》已经被废止了。在现行的法律体系内，再也找不到“迟到罚款”的合法依据了。

有些省市甚至已经明确发文禁止“迟到罚款”的行为。例如，《广东省劳动保障监察条例》第五十一条规定：用人单位的规章制度规定了罚款内容，或者其扣减工资的规定没有法律、法规依据的，由人力资源和社会保障行政部门责令改正，给予警告。

“罚款、处罚”的概念从词义上就有一种不平等的意味，而且只应是行政机关的职能。《行政处罚法》规定，处罚是由具备相应职权的行政机关做出的行政行为。所以，一般意义上的“罚款、处罚”主要是由国家机关针对普通个人实施的，有管理和被管理的含义在里面。而企业和员工的地位是平等的，双方只是一种劳动关系，因而也就不存在“谁有权处罚谁”。显然，公司的“迟到罚款”是一种违法行为。

除了“迟到罚款”外，常见的情况还有“业绩不达标罚款”“请假过多罚款”“工作失误罚款”等，这些都是违法的。现如今具有法律意识的企业，早就开始在企业规章制度里避免“罚款、处罚”等字眼，取而代之的是设置KPI考核、奖励、奖金等形式，通过差异化的奖励、考评体系来达到“变相罚款”的目的。而且值得注意的是，这种华丽包装后的“变相罚款”已经发生了质的变化，是完全合法合规的。

例如：

在工资之外设置全勤奖金，当员工经常请假、旷工、迟到早退时，直接不发全勤奖金，实际上达到了“罚款”的目的，但却没有落下“罚款”的口实。

在KPI考核机制中设置员工业绩、工作内容的考核标准，工作得力的员工可以拿到更高的绩效工资，其他的员工只能相应拿较低的绩效工资。这同样也是一种合法的奖惩、激励机制。

在企业经营中，对迟到、早退、业绩不佳的员工进行差异化的评价和管理是一种必要的企业管理手段。如果没有这些措施，员工们吃起“大锅饭”，导致企业效益不佳，最终受损的不只有老板，同样还有因此失业的员工们。因而从这个层面上来讲，员工也好，企业也好，努力工作、遵守规章的利益和初衷都应该是一致的。

工伤如何认定？下班途中买菜出事也算工伤？

“工伤”说白了就是因为工作原因受到的伤害，听起来很简单，但实践中认定起来却不那么容易，不信你来看看下面的题目。

下面哪一种或者哪几种情况属于工伤？

A. 小明上班时间在楼梯间跟女朋友煲电话粥，一不小心扭伤了脚。

B. 小明早上骑电动车上班，在正常行驶的途中被一辆逆行的大货车撞伤了。

C. 小明被公司安排值夜班，晚上突然降温，小明患上了重感冒。

D. 小明在上班时嘲笑小芳，被小芳打伤。

如果你看了上面的题目后一头雾水，没关系，读完这篇文章后你一定能选出正确答案。

“工伤”除了字面上理解的含义外，在法律层面，工伤的认定是有严格的法律规定的。只有符合以下 10 种情况之一时，才属于法律意义上的“工伤”。

（1）在工作时间和工作场所内，因工作原因受到事故伤害。例如在上班时椅子翻倒受伤、进办公室开门被夹伤手、上厕所摔倒、操作机器设备受伤，等等。

（2）工作时间前后在工作场所内，从事与工作有关的预备性或者收尾性工作受到事故伤害。例如下班后文件放回书架时被砸伤、更衣室换便服时摔倒等。

（3）在工作时间和工作场所内，因履行工作职责受到暴力等意外伤害。例如维持公司秩序时被打伤、接待客户时被打伤等。

（4）患职业病。例如尘肺病、棉肺病等。

（5）因工外出期间，由于工作原因受到伤害或者发生事故下落不明。多指出差或者出外勤时受到伤害或者发生事故。

（6）在上下班途中，受到非本人主要责任的交通事故或者城市轨道交通、客运轮渡、火车事故伤害。

（7）法律、行政法规规定应当认定为工伤的其他情形。

（8）在工作时间和工作岗位，突发疾病死亡或者在48小时之内经抢救无效死亡。

（9）在抢险救灾等维护国家利益、公共利益活动中受到伤害。

（10）职工原在军队服役，因战、因公负伤致残，已取得革命伤残军人证，到用人单位后旧伤复发。

看了这些法律规定，再回到前面的题目。

“A. 小明上班时间在楼梯间跟女朋友煲电话粥，一不小心扭伤了脚。”

虽然是在工作时间、工作场合，但因为是接女友电话扭伤脚，不是工作原因，不属于（1）中的情形，所以不是工伤。

“C. 小明被公司安排值夜班，晚上突然降温，小明患上了重感冒。”

虽然小明得的病跟工作有关，但是感冒不等于职业病，不符合（4）的要求，不是工伤。

“D. 小明在上班时嘲笑小芳，被小芳打伤。”

小明虽然是在单位上班时被人打伤的，但是因为自己出言不逊、骚扰同事，不是因为“工作原因”，所以也不符合（3）的要求。

正确答案应该是“B. 小明早上骑电动车上班，在正常行驶的途中被一辆逆行的大货车撞伤了。”这里的情形就是典型的（6）中的情形，属于工伤。

这里值得一提的是，针对“（6）在上下班途中，受到非本人主要责任的交通事故或者城市轨道交通、客运轮渡、火车事故伤害”，最高人民法院已经发布了司法解释，明确职工在合理时间内往返于工作地与配偶、父母、子女居住地的合理路线的上下班途中发生非本人主要责任的交通事故的，也可认定为工伤。也就是说，**上下班顺道买菜、接送孩子、看望父母的时候发生了交通事故，也有可能被**

认定为工伤。

现实中，很多上班族对工伤的认知非常有限，面对办公室出现的各种轻微磕碰、流血、上下班途中发生的事故，大部分人根本没有想过这会构成工伤。即便少数人考虑到工伤的问题，也会因为不愿跟单位把关系搞僵，最后不了了之。但实际上，只要是合法经营的企业都会给员工购买工伤保险，即便员工出了工伤，最终也是由保险资金进行赔付的，企业不会受损。很多时候，维护自己的合法权益其实并不需要太多顾虑。

发生劳动争议能直接起诉吗？劳动仲裁是怎么回事？

“无良企业，我要到法院告你们去！”“别费劲了，法院肯定不管的。”当老板面对你的控诉云淡风轻地说出这句话时，先别急着怀疑老板是不是关系通天，说不定老板只是比你多懂点法。

很多人可能不知道，在我国，如果因为“劳动争议”直接到法院打官司的话，法院确实不管，因为我国实行的是“劳动仲裁”前置的争议解决模式。

法律条文

《中华人民共和国劳动法》第七十条规定：劳动争议发生后……当事人一方也可以直接向劳动争议仲裁委员会申请仲裁。对仲裁裁决不服的，可以向人民法院提起诉讼。也就是说，劳动争议案件先要进行劳动仲裁，只有仲裁结束后，不服仲裁结果的才可以到法院打官司。

劳动仲裁就是指劳动仲裁委员会解决“劳动争议”纠纷的一种模式。这种模式在很多地方和“打官司”类似，也要进行立案、开庭、裁决，同样由仲裁员进行居中裁判。劳动仲裁的周期一般是2个月左右，而法院的审理期限一般是3～6个月，相对来说劳动仲裁周期较短，比较灵活。而且在很多情况下，仲裁裁决一经做出，即为终局裁决，不像打官司还要经历一审、二审。劳动仲裁的模式有利于更加快速地化解矛盾纠纷。

下面就手把手地教你如何申请劳动仲裁：

（1）首先要解决的就是管辖问题，说白了就是找到正确、管事的劳动仲裁委。根据法律规定劳动仲裁由劳动合同履行地或用人单位所在地的劳动仲裁委管辖。一般情况下，只要确定了自己单位所在的区或者县、市，直接搜索地图上相应区域内的劳动仲裁委就可以了。

（2）接下来就是准备文书和证据材料。在劳动仲裁委员会，你会领到3张表格：

①申请书：申请书就相当于打官司的起诉状。申请书上已经分列了很多项目，例如申请人的身份信息、单位的信息以及申请的事项、申请理由等。只需要按照实际情况填写就好。

②证据材料清单：证据材料清单是尤为重要的一个部分，你的申请事项最终能否得到劳动仲裁委的支持，主要看你能否提供相应的证据。例如身份证复印件、劳动合同、

工资打款凭证、考勤记录、社保证明和同事证言等，可以按照实际情况提供。

③当事人送达地址确认书：地址确认书一定要填写能够收到邮寄的现住址，因为仲裁开庭通知书、裁决书等重要的法律文书都会邮寄到你预留的地址。

（3）然后就可以向劳动仲裁委提交上述材料。提交材料时，仲裁的进程可能会产生分叉。

①在提交材料时，工作人员一般会询问你是否同意仲裁前的调解。如果你接受了，那么案件就先进入调解程序，如果通过调解，问题解决了，那么就不需要进行仲裁。反之，则再次进入仲裁程序。

②如果你明确地拒绝了调解，那么按照规定，仲裁委会对你的材料进行审查，开始进入立案程序。随后，你会收到劳动仲裁委的案件受理和出庭通知，说明仲裁委受理了你的案件。后续按照出庭通知上规定的时间，仲裁庭会开庭审理并根据双方提交的证据来判断谁输谁赢。

最后，作为劳动者，如果对劳动仲裁委的裁决不服的话，在收到裁决之日起 15 天内可以向人民法院提起诉讼，也就是说还有一次满血复活的机会。当然，在涉及劳动纠纷时，不能把希望全部寄托在仲裁后的起诉，第一次的仲裁程序还是尤为重要的，要引起高度重视。

共同犯罪的打击面有多大？公司经营涉嫌犯罪，员工都该被抓吗？

看完这一章的内容，你肯定会觉得上班族实在是太不容易了，不但要跟乱“炒鱿鱼”的上司斗智斗勇、时刻提防职场“咸猪手”，还要避开“乱罚款”“欠工资”“不缴社保”等各种陷阱。只是想安安静静上个班，真的那么难吗？

但现实往往更加残酷，前面提到的这些只是上班族打怪通关的餐前小菜而已，真正厉害的还没有出场。有些更加倒霉的上班族因为进了犯罪公司、集团，不但薪水一分拿不到，还把自己也搭了进去。

新闻报道，2017 年 2 月 6 日，深圳龙华某电商代运营公司因涉嫌刑事犯罪被公安机关立案调查。这家公司在龙华有一整层的办公楼，还有数十家关联公司，数百名员工，这样的规模和实力很难让人想到会是“犯罪公司”。然而深圳警方通过长达一年的调查，最终查明这家公司打着“代运营网店”的名义，实质上是在实施诈骗犯罪，涉及的诈骗金额已达数亿元，在全国各地有数千名的受害者。

这其中最值得我们注意的是，警方在调查中发现，除了公司的创始人、高管可能涉嫌犯罪外，大批的中层管理人员、基层员工也参与了犯罪。最终，深圳龙华警方出动一千多名警力，刑事拘留了共计253名该公司员工。

253名员工？是把扫地阿姨也抓进去了吗？

估计看到这个数字，大多数人都惊呆了。这是不是意味着一旦进了“犯罪公司”，就算是普通员工也“跑不了”？

这里还要普及一个刑法上的概念——共同犯罪。上面案例里被殃及的员工大部分都是因为被认定为共同犯罪的参与者，才身陷囹圄。

共同犯罪，简单地说就是两个或者两个以上的行为人共同故意实施一起或者多起犯罪行为的现象。要构成法律上的“共同犯罪”要满足几个要件：

（1）首先要有两个或者两个以上具有刑事责任能力的人共同实施犯罪。

（2）实施犯罪行为的人还必须认识到自己行为的社会危害性。简单说就是，行为人要知道自己的行为可能违法或者可能侵犯他人的合法利益，是不应该实施的。

（3）行为人实施了犯罪行为。这里包括直接实施犯罪行为，也包括给他人提供帮助、教唆他人、组织他人，等等。

（4）最后，就是行为人共同实施的行为确实侵犯了刑法保护的利益。比如侵犯他人财产权、人身权等情节恶劣的行为。

如果上面的一段话对你来说太过晦涩的话，你也可以这么理解：

只要你和其他人一起做了你明知或者怀疑可能是不对的事，而最终这件事确实涉嫌犯罪，那么你们就都应当承担刑事责任，这就是共同犯罪。

回到上面的案例中，通过媒体的公开报道不难发现，之所以这家公司中很多基层员工都被认定为犯罪嫌疑人，主要还是因为他们在发现公司的业务“不正常”后还继续上班。例如一线的销售人员，明知道公司完全没办法实现对客户的承诺，实际上就是骗客户的钱，还积极地招徕客户、收取费用；宣传人员也明知道公司是“皮包公司”，但还是在各种网站、媒体上发布自己编造的“广告”；技术人员明知道公司没有实际的代运营业务，还向客户提供经过处理的虚假数据，骗取客户的后期款项。类似的行为，都有明显的犯罪属性，涉事的员工最终也难逃法网。

在大批违法金融公司、皮包公司跑路事件高发的当下，上班族们在求职和工作中应当擦亮眼睛。

（1）在求职前，应当充分了解公司的资信背景，例如公司的成立时间、注册资本、员工规模等。一般情况下，成立时间越久、规模越大的公司涉及犯罪的可能性就越小。如果实在难以判断，还可以直接在搜索引擎中输入“公司名＋犯罪、诈骗”等关键词，检索公司的负面新闻。

（2）在入职后，对公司交办的业务也要自行分析和思考，对明显涉嫌违法违规的业务要充分警惕。类似的情况主要有：公司虚构项目吸收资金、公司培训骗人话术、经常有客户上门维权等。在发现公司业务可能涉嫌违法犯罪时，应当第一时间拒绝参与，并尽快离职。

（3）离职后，应当保存自己的工作记录，证明自己明确拒绝公司的违法工作任务，同时向公安机关、政府部门进行举报。

都说“顾客是上帝”，但是并非所有的顾客能享受到这种待遇，反而会有一些无良商家欺负起“上帝”来毫不手软。冷言冷语、爱理不理的服务态度已经见怪不怪了，甚至还有大量的违法行为，有设置各种“霸王条款”的，有充完值就卷款跑路的，还有各种虚假宣传、消费欺诈的。作为一名消费者，不但要有火眼金睛来识别这些违法行为，还要学会法律知识来维护自己的权利。怎么主张假一赔三、假一赔十？怎样把“霸王条款”打回原形？怎么识别有跑路倾向的商家？这些我们都要认真地了解一下。

第六章

消费者保护和维权：不惹事也不怕事

怎么对付任性商家的“霸王条款”？

“霸王条款”的名称和内容一样，往往都是霸气十足的，“来我这里消费你要怎么怎么样”“成为我的客户你要怎么怎么样”“这个商品你买了之后我们就不负责×××了”，留给客户的选择只有take it or leave it（要么接受要么离开）。假如你忍气吞声，没有异议，那么最终只会被商家牵着鼻子走，碰到这种情况不可谓不气愤。

然而，现在市面上的现状却是“霸王条款”在各行各业中都或多或少存在。久而久之，消费者已经对“霸王条款”习以为常，很多人甚至丧失了识别“霸王条款”的能力。

这里列举一些常见的“霸王条款”，看看你有没有在生活中遭遇过。

手机行业：

手机上的保修贴纸不得撕毁、损坏，否则不予保修。

手机配件含充电器、电池，保修一个月。

在本公司维修的手机，保管期最长自本公司通知取机后2个月，超期不取，责任自负。

旅游行业：

本宣传资料中的旅游线路、价格仅供参考，具体行程、价格以报名为准，本旅行社对内容保留解释权利。

若人数未达到30人，无法独立成团，将提前通知，全额退还团费，不进行赔偿；或我社有权联合其他旅行社共同组团出游，恕不另行通知。

机票改签费为原票价的70%，退票费为原票价的80%。

快递行业：

收件人应在收到通知后24小时内到货柜取货，超时将按照2元/天收取费用。

运输过程中，一切货损在总价值的3%以内属正常的损耗，本公司不负责赔偿。

因节假日造成的延误，承运人不承担责任。

餐饮行业：

禁止顾客自带酒水。

本店包厢设有最低消费。

消毒餐具使用费另行收取。

其他服务行业：

请您自行保管好贵重物品（如手机、钱包、首饰等），如有遗失，本店将不负任何责任。

“VIP卡”“积分卡”上标示有“此卡最终解释权归本店所有”。

商品一经售出，概不退换；促销商品，售出概不退换；特价商品，概不退换。

虽然这些“霸王条款”五花八门，但实际上是存在共性的。不难发现，这些所谓的“霸王条款”都是商家**单方面制定**的，**免除自身责任、加重消费者责任、排除消费者权利**的各种告示、通知或者合同条款。也就是说，只要你觉得商家拿出的“规矩”可能侵犯到你的知情权、选择权和公平交易权，那么你就有理由怀疑这些所谓的商家“规矩”就是人人喊打的“霸王条款”。

如果不巧，上面列举的“霸王条款”里恰好有一些你很眼熟的条款，也不用生气，下次再碰到时学会如何应对就可以了。以下步骤可以予以参考：

（1）要保存好在商家处消费的凭证，例如购物小票、保修单、发票、网购记录、消费清单等，以证明自己确实在该商家消费过，这一点非常关键。

（2）对商家张贴的有“霸王条款”属性的店堂告示、出示的合同文件拍照。如果是商家口头告知“霸王条款”，要及时录音录像，如果是网购商品则应保管好聊天记录。

（3）在准备好证据后，可以通过“12315”投诉，也可以直接向经营者所在地工商部门举报。工商部门将依照《合同违法行为监督处理办法》的规定，对该经营者视情节轻重，分别给予警告；处以违法所得额三倍以下，但最高不超过三万元的罚款，没有违法所得的，处以一万元以下罚款。

（4）不管工商部门是否对商家进行处罚，消费者还可以直接向人民法院起诉，要求商家赔偿损失，维护自己的合法权益。

维权也有保质期？

“不知道从什么时候开始，在每个东西上面都有一个日子，秋刀鱼会过期，肉罐头会过期，连保鲜纸都会过期，我开始怀疑，在这个世界上，还有什么东西是不会过期的？”

咳咳，文艺青年们不要误会，这不是电影《重庆森林》里金城武在感慨爱情，而是重庆的张先生在后悔不懂法……通过一场失败的官司，张先生痛苦地领悟到，原来维权也是有“保质期”的——

张先生向重庆某开发商购买了一套期房，合同约定2013 年 12 月 31 日前交房。由于买的是精装修的期房，在合同里还约定了详细的装修标准。

盼星星，盼月亮，终于盼到了交房的那一天，2013 年12 月，张先生和妻子欢天喜地地来到新房内，准备验收新房。但一进屋，张先生心里就犯起了嘀咕，合同里约定房子的大门应该是大品牌的防盗门，而开发商安装的却是山寨品牌的防盗门。张先生忍住怒火进了房间开始仔细检查，又发现房间内的铝合金门窗也存在粗制滥造的现象，与合同约定的装修标准明显不符。面对张先生的质疑，开发商却一直推诿、抵赖。

由于是结婚用的婚房，不能耽误了婚期，张先生只好先住进去了，打算以后再慢慢和开发商理论。然而，这一理论就是4年多，其间张先生多次向开发商讨说法，但开发商一直以张先生已经接受房屋并且入住为由，拒不解决问题。

张先生被逼无奈，在2017年向法院提起了诉讼，要求开发商将不合格的门窗全部更换，并且赔偿自己5万元。然而在庭审过程中，法官似乎不太关注房屋的门窗是不是符合约定的标准，而是对张先生发现门窗问题的时间格外关注。经过审理查明，张先生要求更换门窗的时间发生在2013年，到2017年张先生起诉时，已经相隔了4年多。虽然张先生表示自己一直在跟开发商交涉，但无法拿出证据。最终法院以张先生的诉讼请求已经超过了**诉讼时效**为由，驳回了他的起诉。

大家应该都发现了，法院之所以判决驳回张先生的请求，并不是因为开发商配置的门窗都符合标准，而是因为该起诉的“诉讼时效”已过，说白了就是张先生“告晚了”。

有句法律谚语说得很好——“法律不保护躺在权利上睡觉的人”（The laws aid the vigilant, not the negligent），讲的其实就是诉讼时效的概念。法律权利也是有保质期的，一旦过期，权利作废。法律之所以会进行这种时效设定，理由其实很简单。如果一个人的权利受损了，他自己都不去追究或者懒得追究的话，那么从第三方的角度只能认为他觉得无所谓。因此，从整体社会效率出发，对这种怠于行使权利的行为，只能过期作废。

法律条文

《中华人民共和国民法典》第一百八十八条规定：向人民法院请求保护民事权利的诉讼时效期间为三年。法律另有规定的，依照其规定。

在我国，除了其他的单行法律特殊规定之外，一般的民事纠纷的诉讼时效都是三年，只要在知道或者应当知道自己权利受损之日起三年内提起诉讼，就都是有效的。在上面案例中，张先生 2013 年 12 月在验房时发现门窗存在问题，那么如果他在 3 年内也就是 2016 年 12 月之前提起诉讼，就不会如此被动了。

如果不巧当你看到这篇文章的时候，发现自己案件的诉讼时效已经快过期了，但又来不及起诉，那么也不用慌张，诉讼时效根据法律规定还可以延长（中断）。你可以通过向对方邮寄律师函、告知书等书面方式，向对方提出你的主张，同时保留好邮寄的底单，证明自己向对方提出过主张。在保留好证据的前提下，起诉过程中向法院提供这些证据，法院就会从对方收到你邮件之日起重新计算诉讼时效了。

前文案例中的张先生多年内也曾多次向开发商提出主张，但由于他都是当面交涉，没有保留任何证据，从而无法证明自己提出过主张，所以最终法院没能支持他的诉讼请求。

碰到商家的哪些不法行为就发财了？

黑心商家肯定是大家不想遭遇的，这些无良商家为了赚黑心钱，在经营中不是缺斤短两就是以次充好，消费者一旦产生了大额消费就会损失惨重。但是有句老话说得好——“祸兮福所倚，福兮祸所伏”，如果你能及时发现商家的伎俩，也还懂点法，那么就有可能坏事变好事，顺便发笔小财。

惩罚性赔偿是源于英美法系的一项民事赔偿制度，我国自 1994 年《消费者权益保护法》首次引入惩罚性赔偿。这种赔偿制度不同于以往的以“弥补损失”为主的传统赔偿制度，它还注重对违法商家进行额外的惩罚，通过高额赔偿让消费者获益，加强了消费者的监督积极性，从而对商家产生威慑，规范商家的经营活动。

在《消费者权益保护法》之后，《食品安全法》以及最高人民法院颁布的部分司法解释中都有类似的惩罚性赔偿规定。这些规定里有赔偿一倍的、三倍的甚至还有十倍的，赔偿的数额也是根据消费的金额计算。

来不及解释了，赶紧“上车”学习一下。

食品领域的惩罚赔偿：

法律条文

《中华人民共和国食品安全法》规定：生产不符合食品安全标准的食品或者销售明知是不符合食品安全标准的食品，消费者除要求赔偿损失外，还可以向生产者或者销售者要求支付价款十倍的赔偿金。这就说我们平时说的“假一赔十”。

《食品安全法》真的十分严格。如果买到了不符合安全标准的食品，除了可以让商家赔偿医药费等损失外，还可以直接要求十倍金额的索赔。食品安全关系到每个人的生命健康，让无良商家们多出点血，我觉得没问题。

欺诈消费者的惩罚赔偿：

法律条文

《消费者权益保护法》第五十五条第一款规定：经营者提供商品或者服务有欺诈行为的，应当按照消费者的要求增加赔偿其受到的损失，增加赔偿的金额为消费者购买商品的价款或者接受服务的费用的三倍；增加赔偿的金额不足五百元的，为五百元。

欺诈行为是最为常见的侵犯消费者权益的行为。对商品进行虚假宣传、以次充好、隐瞒商品缺陷等都属于欺诈行为。一旦发现商家的这些行为，可以毫不留情地要求“退一赔三”。

《民法典》还规定了当商家明知产品存在缺陷仍然生产、销售，造成他人死亡或者健康严重损害的，被侵权人有权请求相应的惩罚性赔偿。针对此情况，《消费者权益保护法》规定可以直接向商家要求损失金额二倍以下的惩罚赔偿。

看了这么多法律规定，你肯定很好奇有没有人真的根据上面的规定获得过赔偿呢？实际上，类似的案例比比皆是。暂举一例，看完之后你就会更有信心。

延安的沙先生 2016 年 6 月在 4S 店买了一辆车，花了 54 万元。随后，在驾驶过程中因为发生了事故，沙先生把车开到了修理厂维修。没想到，维修人员告诉他："车前后保险杠漆面与原车漆面有明显色差。左后侧有一处漆斑遗留。另外还发现车更换了 4 个轮胎，只有备胎是原车的，并且已加装过导航内饰物品。"随后，沙先生通过保险公司查询到早在 2016 年 1 月，就有一名姓雷的客户给这辆车买过保险。很显然，这是一辆二手车。沙先生和 4S 店交涉了很久都没有解决问题，最终起诉到法院。法院审理后，认为 4S 店存在欺诈行为，判决其返还消费者 54 万元的购车款并赔偿沙先生三倍购车款，共计 162 万元。

从一开始的苦苦交涉无果，到后续起诉法院直接获赔 162 万元，沙先生完美逆袭。如果你也倒霉地碰到类似遭遇，不要犹豫，拿起法律武器维护自己的权益吧。

健身房、理发店卷款跑路，会员卡里的钱怎么要回来？

近几年来，健身房、理发店跑路的现象并不少见。这些商家在开业之初往往是敲锣打鼓、传单漫天，以各种方式推销他们的充值会员卡。这些所谓的会员卡金额动辄数千元，有些甚至上万元，但由于各种“充多少送多少”“会员价”等优惠活动，还是有很多人会怦然心动。然而，这些店铺的老板中有些人只是想赚笔“快钱”，一旦他们圈够了钱，可能就会在某个月黑风高的夜晚跑路。当顾客们后知后觉发现时，店里早已人去楼空。

实际上，有可能“跑路”的店面，在跑路前都会有一定的“征兆”，如果你准备办卡的店也有类似的情况，那就要格外小心了。

（1）会员卡优惠力度骤增。一家经营正常、盈利良好的店是没有动力进行“大甩卖”“亏本卖”的，只有经营出现了困难或者准备跑路的商家才有可能不计成本地让利。如果在办卡前你有种“办到就是赚到”的感觉，那你真的要好好考虑仔细了。

（2）突然推出长期甚至终身的会员卡。这种情况下，商家自己都不知道自己能经营几年，却敢于接受“终身会员”，显然“不靠谱”，一般就是为了迅速归集资金，存在跑路的可能。

（3）房租临近到期，没有续租意愿。在办卡前可以向写字楼、商铺的物业了解情况，如果这些商户的租期马上届满，又没有提出续租的要求，那么很有可能已经干不下去了。

（4）经常以装修、整顿为名停业，或者有拖欠水电费、员工工资的现象，说明经营或多或少存在问题。不知道从哪里获取这些信息？和你的发型师、教练多聊聊可能会有收获哦。

如果很不幸，你办卡的健身房、理发店已经跑路了，没关系，亡羊补牢，犹未晚矣。可以从以下几个方面入手，讨回自己的“卡内余额”。

（1）第一时间拨打“12315”或者向当地工商部门举报。如果商家已经不再经营，自己联系不到的话，可以向工商部门进行举报，由工商部门立案后进行处理。如果不愿意打电话还可以直接在“12315”的官方 APP 上举报。

（2）抓紧时间起诉，通过财产保全冻结这些商户的账户和财产。通过工商信息公示网查询或者通过会员合同预留的信息来确定商家的身份情况，然后准备好合同、充值记录等证据，到法院起诉对方，在起诉时同时提交财产保全申请，申请法院冻结商家的账户或者查封现有的器材、设备。

（3）集合其他受害者，一起到公安机关报案。由于商家故意卷款潜逃的行为可能涉及诈骗或者合同诈骗罪，已经涉嫌刑事犯罪。此时，一个人的被骗金额可能无法达到立案标准，可以召集其他受害者一起将损失汇总，到公安机关进行报案。通过公安的刑事侦查手段抓获不良商家后，通过扣押、查封他的财产或者刑事和解等方式获得赔偿。

饭店里的哪些“野味”真心不能吃？

在我国，大多数人对“野味”都是来者不拒的，中国人吃“野味”的民俗历史悠久，很多老百姓早已习以为常。但近年来，随着野生动物数量的逐渐减少，国家法律对野生动物保护的日益增强，吃“野味”的法律风险也越来越大。

曾有媒体报道了一则因吃“野味”锒铛入狱的新闻。

广西富商徐某得知吃虎肉、喝虎骨酒可以大补元气，于是就想搞点虎肉、虎骨来进补。2013 年，徐某分 3 次组织了 15 人，驱车到广东省雷州市购买活虎。第一次购买老虎是在雷州市龙门镇后排管区上村一片桉树林中，徐某到达时已经有七八个人在等候他了。这些人把一只成年的老虎关在铁笼子里，通过电击的方式把老虎击毙，然后屠宰，并把老虎肉块、骨骼、内脏、虎血分别装箱，交给了徐某。徐某驾车回到广西后，当天就在一家酒店里摆起了“老虎宴”。有了这次“吃虎”的经验，徐某上了瘾，没过多久就又赶到广东买老虎，还把老虎的屠宰过程拍成视频发到网上。最终，公安机关发现了这一视频，并根据线索抓获了徐某。2014 年 12 月 29 日，广西钦州市中级人民法院做出终审裁定，徐某被判处13年有期徒刑，并处罚金155万元，其他涉案人员也被依法惩处。至此，“吃虎”闹剧才最终画上句号。

我国《刑法》规定，非法猎捕、杀害国家重点保护的珍贵、濒危野生动物的，或者非法收购、运输、出售国家重点保护的珍贵、濒危野生动物及其制品的，最高可判十年以上有期徒刑。而上述新闻中老虎显然就是国家重点保护的珍贵、濒危野生动物，徐某也因为满足一点口腹之欲，付出了惨痛的代价。

老虎不能吃，大多数人都知道。但是其他一些动物也属于国家重点保护的珍贵、濒危野生动物，同样是不能吃的，可能很多人就不知道了。例如穿山甲、黄羊、岩羊、野骆驼、野牛、河狸、天鹅、虎纹蛙，这些都是国家明令禁止狩猎、买卖的国家重点保护的珍贵、濒危野生动物。这些动物里，野牛、黄羊、野骆驼听起来很普通，看上去也很寻常，普通人很难加以区分，真的到了饭桌上可能很多人在不知情的情况下就会动筷子了。

如果让每个人都把长长的保护动物名录背下来，并且能够从餐桌上的佳肴里分辨出哪些是保护动物，这显然是不现实的，很多动物专家都做不到。最为简便、快速的方法，就是通过饭店来分辨，如果一家饭店打着“野味”的旗号做生意，这时就要保持警惕；如果这些“野味”标价还特别贵，那就基本上要保持克制了；再加上你要是发现店家和店员都神神秘秘的，那么完全可以断定这些“野味”吃不得。

人类看似已经站在食物链的顶端，其他动物的生杀予夺全看我们的选择。实际上，人和动物之间的关系是丰富的，不应只是吃和被吃的关系。更何况在法律严格禁止的情况下，我们更应该从自己做起，拒绝食用这些不合法的“野味”。

骑电动车也算酒驾？什么样的电动车“享受”机动车待遇？

“喝酒不开车，开车不喝酒”这句话每个人都耳熟能详。知道这句话的人里面大多数都笃信这里的“车”仅限于汽车、摩托车。但实际上，喝完酒后骑了某些“电动自行车”也可能被认为是“酒后驾车”，轻的拘留罚款，重的直接判刑。

2014年，河源市源城区法院就判决了这样一个案件：1月份的一天晚上，被告人巫某在吃晚饭的时候喝了点酒，因为巫某平时代步工具是一辆电动自行车，所以他并未在意，喝完酒就骑着电动自行车上路了。在路上行驶的过程中，巫某不小心撞上了路边的行人。警察到场之后发现巫某身上沾有酒气，就对他做了呼吸式酒精测试，认定他涉嫌酒驾。

巫某认为自己骑的是电动自行车，不属于酒驾，对此不以为然。但让巫某意想不到的是，第二天他就被公安机关刑事拘留了，罪名是“危险驾驶罪”。最终，河源市源城区法院认定，巫某驾驶的“超标电动车”属于法律上的机动车，依法构成危险驾驶罪，被判处拘役两个月，缓刑三个月，并处罚金1000元。

巫某的案件在现实中并非个例。问题的症结主要在于巫某骑的是“超标电动车”。这里提到的“标”就是国家标准。2010年1月1日，全国汽车标准化技术委员会发布《电动摩托车和电动轻便摩托车通用技术条件》，将40公斤以上、时速20公里以上的电动自行车，划入电动轻便摩托车范畴。同时，国家标准也在不断地推陈出新，2018年1月公安部、工商总局、质检总局、国家标准委四部门公布了新的电动自行车国家标准——《电动自行车通用技术条件》，对“电动自行车”的认定也做了新的规定，但标准仍然还是把关注点落在了车辆的限速、限重等问题上。也就是说，**最高时速过快或者净重过大的电动车都有可能属于“摩托车”**。

大量类似巫某的案件中，公安机关在查获了“超标电动车”后，会交由专门的鉴定机构进行鉴定。鉴定人员会根据上述国家标准对“超标电动车”的具体指标进行评测，如果速度、重量等都符合了“轻便摩托车”的标准，那么就会做出“这是一辆摩托车”的结论。此时，一辆电动自行车就在法律上发生了质变，升级为“摩托车”，那么酒后骑车的驾驶员们也就可能面临“危险驾驶罪”的处罚。

作为普通消费者如果买到了“超标电动车”，除了存在上述“酒驾”的刑事风险外，在普通交通事故中也要“享受”机动车待遇，承担更大的事故责任，还要面临机动车上牌、年检、驾照、保险等一系列的问题，实在是让人头疼不已。所以在选购电动车时，要慎之又慎，尽量不要选择速度过快、重量过大的。如果已经购买了这样的电动车，那么应当让经销商加装限速装置，尽量把车辆的时速控制在每小时 20 公里以下。

当然，除了坚决跟“超标电动车”说“NO”之外，最为关键的还是要养成良好的交通安全意识。不管是电动车骑手还是机动车驾驶员，只要一视同仁地以“文明出行”的标准要求自己，就肯定不会在法律的问题上“超标”。

乱骑共享单车有哪些法律风险？

共享单车自诞生起就带着“共享经济，绿色低碳”的光环，致力于给大家解决“最后一公里”的出行难问题。它随骑随走，便捷实惠，直接戳中了短途出行的“痛点”，迅速风靡全国。但与此同时，任意损坏、占用共享单车的恶性行为也屡屡发生。很多时候，路边随处可见的共享单车不是被人卸了车把、车座，就是被锁住，成了“私车”。这种现象当然和单车运营公司的管理有关，但更关键的问题还在于大众法律意识的淡薄。

在很多人眼中，对共享单车加把锁、卸个胎、挪个地都是“小事”，殊不知，很多类似的行为已经违法，有些甚至已经涉嫌犯罪。从法律角度来看，以下行为值得大家警惕：

1. 勿让共享变独享

根据共享单车的使用方法，用户一般是使用车企提供的 APP 对单车扫码开锁（自动开锁或者密码开锁）。在法律上来看，通过扫码开锁这一行为，用车人获得了车企的授权，开始“保管”并使用单车。根据有无取得保管权，会产生以下法律区别。

（1）扫码前

如果行为人未通过正常途径扫码开锁，而是通过撬锁或者利用技术手段绕开 APP 验证打开车锁并将车辆供自己使用的话，属于典型的盗窃行为。如果盗窃的单车价值达到法定的数额较大标准，则构成盗窃罪，依法应处三年以下有期徒刑等。如果盗窃单车的价值未达到数额较大标准，也无法逃避行政处罚，根据《治安管理处罚法》，最高可以给予行为人 15 日的拘留以及 1000 元的罚款。现实中，由于部分共享单车属于特殊定制，并且安装有 GPS 定位系统，造价很高，如果盗窃这部分共享单车，即便是一辆，也有可能达到数额较大的标准，涉嫌盗窃罪。

案例：上海市闵行的韩某将未开锁的摩拜单车搬回家中欲占为己有，后被法院判处拘役三个月，并处罚金1000元。

（2）扫码后

如果行为人通过正规途径扫码开锁，获得了车辆的保管权，之后却将车辆据为己有、拒不归还，这属于侵占行为。由于有些共享单车采用的是固定密码模式，有些用户在开锁后就恶意将车辆上的条码撕毁、涂改，不让其他用户得到密码，或者通过私锁将车辆据为己有。这种行为一经发现，轻者根据《治安管理处罚法》最高可以给予行为人 15 日的拘留以及 1000 元的罚款。重者达到犯罪标准，应当以侵占罪论处，最高可处 5 年以下有期徒刑等。

案例： 北京某医院两名护士将 ofo 共享单车加上私锁，后被公安机关行政拘留 5 日。

2. 勿让单车变废车

现实中还存在这样一些情况，有些"黑车"司机、自行车有偿租赁点经营者认为共享单车的出现影响了自己的生意，就故意将这些共享单车肢解、毁坏甚至批量丢弃。还有一些人为了泄愤或者其他原因，对共享单车进行恶意破坏。根据《治安管理处罚法》，对于这些故意毁坏财物的行为，最高可以给予行为人 15 日拘留以及 1000 元的罚款。如果毁坏单车的价值达到法定数额较大的标准时，应当以故意毁坏财物罪论处，最高可以判处 7 年以下有期徒刑等。

案例： 成都幸福梅林景区自行车租赁从业人员因认为共享单车影响其生意，遂将 12 辆共享单车进行焚烧，目前已被公安机关以故意毁坏财物罪刑事拘留。

3. 勿让条码变木马

最近，全国各地还发生了多起共享单车二维码被换的诈骗事件。用户在使用单车时如果不慎扫描到了假二维码，则有可能直接下载木马程序或者直接进入转账支付页面。在进行网络支付时，木马程序就会拦截相应的付款验证码，获取用户的相关支付信息等，传输给后台犯罪分子，造成用户的财产损失。这种行为已经涉嫌严重的刑事犯罪——诈骗罪，同时共享单车的用户也应该提高警惕，注意甄别条码的真伪。

诚然，共享单车乱象的遏制需要政府、企业集思广益，但更重要的是每一个单车用户能够严于律己。共享单车承载了出行便利，承载了生活幸福感，也承载了科技和经济的结晶，但共享单车纵然钢筋铁骨也无法承载某些人的恶意和私欲。只有尊重社会契约，遵从公序良俗，予人以便，予人以善，才能使社会良性发展，才能使共享经济真正为大家谋福利。

“限时不取，快递退回”合法吗？收件人应该怎么应对？

在广大高校的快递圈中有这样一条潜规则——“限时不取，快递退回”。

很多快递公司会在大学校园周边设置固定的快递收发点，较常见的情形就是快递员将大量快递摆放在地面上，由学生自己到场认领，这种方式被学生戏称为“摆地摊”。由于“摆地摊”需要有人全天照看，如果当天快递没有领完，还得明天再来“铺货”，所以一些快递公司就想出了“限时不取，快递退回”的法子。这种“损人利己”的做法，让学生们十分不满，却又无可奈何。

前一段时间我也碰到过类似的问题。

由于工作原因，我经常要收寄法律文书，比如法院传票等。一般情况下我都会把送达地址写成律所的办公地址，因为有专人负责代收。但有的时候，因为律所离家较远，专程驱车过去拿文书不太方便，也会让法院把一些文书寄到家里。

这次法院寄过来的是一起涉及数百万金额的商事诉讼

的开庭传票，我方是原告。

礼拜六，我正在外办事，接到一个电话。

快递员：你好？我是 ×× 快递，有法院的传票。

我：我现在在外面办事，能不能明天送过来？（传票必须面签）

快递员：明天家里有人吧？

我：有人的。

第一天相安无事。第二天下午，我运动完正在洗澡，电话又响起来，擦擦脸上的泡沫，拿到电话的时候，已经响了好几声。对方的语气已经明显不耐烦了。

快递员：你不是说你家今天有人吗？我在门口敲门怎么没人？

我：不好意思，我在洗澡，没听到。你稍等一下，我马上出来。

快递员：哔……（对方已经挂电话了）

我放下电话就赶紧胡乱冲掉头上的泡沫，擦了几把就裹着衣服去开门。中间大概间隔了 3 ～ 5 分钟时间吧。可开了门才发现快递员已经走了。

我又赶忙给快递员打电话，但是怎么打都打不通，然后我换了个号码再打，就打通了（原来是把我拉黑了）。

我：我是刚才的收件人，你人呢？

快递员：我已经到小区门口了。

我：那我的快递怎么办？

快递员：没办法，我等了那么久没人开门，你不收我只能退回了。

我：我在洗澡啊，要不你晚点再过来一趟？或者明天？

快递员：没办法，这件退回了，哔……（又挂电话）

再打就又打不通了。

说到这里，很多人可能还不知道原告传票被退回意味着什么。

法律条文

根据《最高人民法院关于以法院快递方式邮寄送达民事诉讼文书的若干规定》第十一条：因受送达人本人或者受送达人制定的代收人拒绝签收，导致诉讼文书未能被受送达人实际接收的，**文书被退回之日视为送达之日。**

意思就是说，如果快递员退回传票，并写个“拒收”，法院就会认为我已经收到了。之前这个案件已经收到过调解的传票，所以快递员以“无法送达”退回的可能性不大，很有可能退回的理由就是我担心的“拒收”。假如我的传票被“拒收”了，那么不知情的我会在开庭时缺席（因为没看到传票），根据诉讼法的规定，原告不到场，按照撤诉处理。一旦撤诉，诉讼费是减半退回的。

也就是说，快递员大笔一挥“拒收”两个字，我可能要面临数万元的诉讼费损失。

碰到这种情况我当然是怒不可遏，但是理性还是要战胜感性的。先翻出了关于退件的相关规定，凡事要讲依据，先要知道什么情况下可以退件。

法律条文

国家邮政局《无法投递又无法归回快件管理规定》第三条：快递企业对无法投递的快件，应当退回寄件人。快件无法投递的情形包括：

（一）收件人通讯地址和联系方式不详或错误；

（二）收件人死亡，且无合法权利继承人或代收人；

（三）收件人拒收快件或者拒付应付的费用；

（四）快件保管期届满收件人仍未领取；

（五）其他原因导致快件无法投递。

我仔细看了三遍，确认快递员没有正当的理由可以退回我的快件，决定把这件事追究到底。

我接着做了下面几件事：

（1）在法院上班时间，马上联系法官，告知快递出了点小问题，询问开庭时间后，承诺会按时去开庭。

（2）再次致电快递员，录音后，取得证据。录音内容显示：

①快递员明知是法院传票。

②送件时家中有人。

③没有拒收。

（3）直接到国家邮政局官方申诉网站投诉。

（4）致电快递投诉热线“12305”。

（5）发短信给快递员，告知他的恶意行为可能造成数万元直接损失和后续数百万元的诉讼风险，让他好自为之。

一套连击后，第二天一早我就拿到了快递。看了我的经历，相信下次如果你收到“限时不取，快递退回”的短信，肯定也知道怎么维权了吧。

起诉黑心商家怕路远？打官司能不能挑个法院？

买衣服挑牌子、约会挑场子、吃饭挑馆子，这些事可能大家都习以为常了，但大多数人不知道的是，打官司其实也可以挑法院。

法律概念上有一个词叫“管辖”，意思就是各级或者各地区之间的法院对于诉讼案件的职权范围和具体分工。简单来讲，“管辖”确定的就是到哪个法院去打官司，只有找到有管辖权的法院，你的官司才会被受理。在我国，打官司的管辖原则一般是“原告就被告”，大部分情况下，原告要到被告所在地法院起诉。

作为普通消费者，大家都是不愿打官司的，毕竟打官司旷日持久、程序冗长，大家都很忙的嘛！更何况还要“原告就被告”，且不说一些大城市里同城往返都要数个小时，如果要是碰到网购纠纷，难道还要“穿过大半个中国来打官司”？

实际上，在消费者维权的很多领域内，除了“原告就被告”外，为了方便消费者诉讼，还设置了很多“管辖重合”

的规定，只要利用好这些规定，“足不出区（县）”就可以就可以近距离打官司。

（1）网购纠纷。现在只要拿出手机动动手指，就能买到海南的椰子、新疆的切糕、东北的大米，网购极大地丰富了消费者选择权的同时也让跨省的“远距离纠纷”层出不穷。碰到这种情况时，其实不用担心还要“打飞的”，只要选对了法院，打官司也可以很近。

法律条文

《中华人民共和国民事诉讼法》规定：因合同纠纷提起的诉讼，由被告住所地或者合同履行地人民法院管辖。

《最高人民法院关于适用〈中华人民共和国民事诉讼法〉的解释》规定：以信息网络方式订立的买卖合同，通过信息网络交付标的的，以买受人住所地为合同履行地；通过其他方式交付标的的，收货地为合同履行地。

网购虽然没有传统意义上的纸面合同，但本质上也是消费者和卖家之间形成了“买卖合同关系”。根据上述规定，除了被告也就是卖家所在地的法院可以管辖外，合同履行地——消费者所在地和收货地的法院也可以管辖。如果你不想顺带去卖家的大本营旅游一下的话，直接选择自己家门口的法院就可以打官司了。

（2）侵权纠纷。如果消费者购买的商品和服务造成了消费者身体健康权、财产权的损失，那么这类案件就属于侵权案件。例如，买了某品牌的手机把家里的床炸坏了、买了某问题食品吃坏了肚子或者买到不合格的自行车摔伤了，这些都属于侵权纠纷。

法律条文

《中华人民共和国民事诉讼法》规定：因侵权行为提起的诉讼，由侵权行为地或者被告住所地人民法院管辖。

这里“侵权行为地”包括侵权行为实施地、侵权结果发生地。上面例子中手机爆炸的地方、骑自行车摔倒的地方都可以作为管辖依据，由当地的法院实施管辖。此时，消费者就可以在被告所在地、侵权行为实施地、侵权结果发生地中选择一个最为方便的法院进行起诉。

（3）多名被告的纠纷。有一些案件，根据法律规定，承担责任的主体不只有一家。例如，在商品质量纠纷案件中，如果消费者买到质量不合格的商品，是可以要求生产方和销售方一起承担责任的。此时，可选择的被告就变成了两方，消费者可以在两者中选择起诉便利或者实力比较雄厚的一方所在地提起诉讼。

当然，打官司不能只考虑法院离得近不近，要考虑当地法院的判决尺度、倾向性判例，还要考虑胜诉后是不是能够足额、快速地执行到赔偿金，这同样和选择法院有着莫大的关系。总之，当消费者面临诉讼时，首先应该当明确有哪些法院可供选择，在分析利弊后，选择最有利于自己的法院提起诉讼。

职业打假人风光依旧吗？法院对知假买假是什么态度？

相信大家看完这一章的内容，知道了买到假货可以发笔小财、打官司还可以就近挑法院，躺着赚钱的事好像听起来很容易。很多“心思活络”的人估计已经开始盘算着加入“职业打假”的队伍，准备走上人生巅峰了。实际上，几十年来职业打假人的处境并非一帆风顺，司法机关对他们的态度也发生过很多变化。

法律条文

1994 年颁布的《消费者权益保护法》第四十九条规定了对商家的惩罚性条款：经营者提供商品或者服务有欺诈行为的，应当按照消费者的要求增加赔偿其受到的损失，增加赔偿的金额为消费者购买商品的价款或者接受服务的费用的一倍。

在消费者维权意识淡薄的 20 世纪 90 年代，一些目光敏锐的人在这一条款中看到了商机，职业打假人的雏形也在那时候形成。

在随后的多年内，职业打假领域涌现出了王海等一批明星式的打假人，他们通过打假获得了令人咋舌的高昂赔偿，也确实遏制了一些消费行业内的不法现象。一时间，越来越多的人开始了解并加入打假队伍。

好景不长，2003年，北京海淀区法院判决了当时全国第一起“打假入刑”案。被告人臧某在山东省青岛市购买了保健品厂生产的“藏汴宝”补肾丸，服用后自称感觉身体不适，遂对该药进行调查，认为该药系假药。此后，臧某买到假药一事被青岛市媒体报道。臧某联系商家要求双倍赔偿，并让商家高价购买他存有“曝光文章”的计算机。最终，公安机关以敲诈勒索罪，抓获了臧某。

法院审理认为臧某“要求事主一并购买计算机，并索要超出计算机实际价值数倍的价款，这一行为明显具有要挟的性质。”法院以敲诈勒索罪，判处其有期徒刑三年。法院的判决观点非常明确，通过**要挟的方式索要超出必要、合法范围的赔偿显然是不合理的**，属于刑事犯罪。而类似“踩过界”的索赔，在以往的“打假”事件中并不少见。这起案例给当时的职业打假行业上了一堂印象深刻的法律课，打假行为的刑事法律风险也越来越受到重视。

之后，职业打假领域的一些“领头羊”也开始重视规范化打假，通过设立公司，聘请专业的律师，组织固定的团队重操旧业。而此时，已经没有了早些年轰轰烈烈的造势和宣传，多数比较低调。

即便是这样，关于“职业打假”是否应该被支持的话题一直在社会上争论不休，这种博弈也传到了法院的三尺审判席上。在全国各地法院的判决书中都可以找到类似的观点：《消费者权益保护法》保护的是消费者本身，而职业打假人是以此牟利，并非属于消费者，不能获得赔偿。因此，很多职业打假人索赔的案例最终没有得到法院支持。

2013 年，《最高人民法院关于审理食品药品纠纷案件适用法律若干问题的规定》出台，其中第三条规定：因食品、药品质量问题发生纠纷，购买者向生产者、销售者主张权利。生产者、销售者以购买者明知食品、药品存在质量问题而仍然购买为理由而进行抗辩的，人民法院不予支持。首次在司法解释层面明确了“知假买假”是合法的。

除此之外，更让职业打假人们兴奋不已的是，这一司法解释用“购买者”取代了“消费者”。“这是历史性的巨大进步，法律首次用一个‘购买者’的概念，将争论了近 20 年的打假者身份问题踢到历史的角落里。”一名职业打假人兴奋地说道。这意味着，原来的法院观点中的“消费者”身份论或许会发生动摇，职业打假人索赔时会更有底气。

回顾司法领域内一系列戏剧性的转折，无疑是在向蠢蠢欲动的人群提示了职业打假的重重法律风险。职业打假人不但要在合法的边界内经营，还要严防刑事风险；不但要在民事审判领域内与各种质疑的观点博弈，还要承担一毛钱都拿不到的诉讼风险。恐怕和大众想象的“躺着赚钱”差距很大。

2017年，最高人民法院办公厅发文，文中提到：“考虑食药安全问题的特殊性及现有司法解释和司法实践的具体情况，我们认为目前可以考虑购买食品、药品之外的情形，**逐步限制职业打假人的牟利性打假行为**。”这无疑又是给职业打假泼下的一盆冷水。只要关于职业打假人是善是恶的讨论没有定分止争，相信这样的反复仍会一直骚动着大众的神经。

“住”对每一个人来讲都是大事，不管是买房还是租房，有个自己的小窝才会感到稳稳的幸福，但是找到合适的住房也需要避开各种“坑”。租房有十面埋伏，怕碰上“二房东”，要提防黑中介，还要跟合租室友斗智斗勇；买房就更加要小心翼翼，签了合同房东不卖了怎么办？开发商许诺的花园、泳池都没了怎么办？小产权房到底能不能买？这些问题处理不好的话，非但很难安居乐业，还有可能造成很多不必要的麻烦和损失。本章我们就一起从法律角度来探讨一下住房领域中那些令人头疼的问题。

第七章

住房那些事：

没有硝烟的家园保卫战

房东换了，房子还能不能继续住？

每到毕业季，“象牙塔”里的学子们都面临着从学生到“社会人”的身份转换，不但要找工作、找对象，还要备齐了锅碗瓢盆给自己租个“小家”。租房子听起来是小事，实际上问题多多，除了地段、价格、家具、装修这些因素要考虑，能稳定、长期地居住同样至关重要。但在房地产交易火爆的时期，很多租客都碰到了这样的问题：房子租了没几天，房东要卖房，这时房子还能继续住吗？

假如你碰到类似的情况，大可不必紧张。根据法律的规定，只要你和原房东签订的《租赁合同》真实有效，那么不管房东换了几次，你都有权按照合同继续居住。

法律条文

《中华人民共和国民法典》第七百二十五条规定：“租赁物在承租人按照租赁合同占有期限内发生所有权变动的，不影响租赁合同的效力。”

从上述规定不难看出，房子的买卖和房子的租赁是两码事，就算房子不断地转手，接手的新房东也要继续履行原来的租赁合同，等合同到期后才能自己使用。

法律之所以规定“买卖不破租赁”，主要是因为现实、紧迫的居住权应当优先保护。如果因为产权交易，就把房子的租用者扫地出门，显然会造成大量的不稳定因素。相反，作为买房的“新房东”在了解了房子的居住使用情况后，仍然同意购买，则理应“忍受”这种发生在先的租赁事实。

有人可能会说，道理我们都懂，但碰上不讲理的房东硬要赶人，怎么办？

那就只能互相伤害咯！当然，这里的互相伤害是指在法律的框架内合法地进行反击。如果碰上不讲理的房东，租客们要敢于拿起法律的武器维护自己的权益。

首先，不管房子是购买的还是租赁的，都是法律意义上的“住宅”，任何人都不得随意侵入和破坏。此时如果房东未获得同意擅自或者强行进入你的住宅，均属违法行为，可以拨打 110 报警电话，要求公安机关制止。

其次，如果房东强行赶人，导致你在租期未满的时候就无法继续使用房屋，此时可以根据《租赁合同》要求房东承担违约责任。同时，房东赶人行为导致你在宾馆周转的费用、家具、生活用品的保管费用以及后续租房价格高出的部分都可以视为你的损失，可以依法要求房东赔偿。这里需要注意的是，因为要求房东赔偿很有可能涉及诉讼，那么就要保留好相关的证据，例如租赁的合同、房东拒绝继续履行合同的录音、宾馆费用发票以及其他开支的凭证，等等。

最后，一旦涉及诉讼，我们就应在法律框架内最大限度地维护自己的权益。这里就涉及另一个法律赋予租客的权利——优先购买权。

法律条文

《中华人民共和国民法典》第七百二十六条规定："出租人出卖租赁房屋的，应当在出卖之前的合理期限内通知承租人，承租人享有以同等条件优先购买的权利；但是，房屋按份共有人行使优先购买权或者出租人将房屋出卖给近亲属的除外。出租人履行通知义务后，承租人在十五日内未明确表示购买的，视为承租人放弃优先购买权。"

也就是说，房东在卖房时首先要征得租客的意见，如果租客不愿意按照同等价格等条件购买，房东才能卖给他人。此时，如果房东没有通知租客，或者无法证明通知租客，在法律上属于侵犯了租客的优先购买权，租客当然可以以此为由要求房东赔偿相应的损失。

在你娴熟的法律"三板斧"下，再霸道的房东都要掂量掂量，相信在很多情况下，不用等到法院的最终判决，房东就会主动找你和解。

开发商保证的泳池、花园都没了，怎么维权？

房地产行业的广告可谓套路十足，挨着条小水沟就是“水岸名邸”，小区里有几个水池子就叫“东方威尼斯”，地段不好的叫“远离城市喧嚣”，挨着闹市的叫“坐拥城市繁华”，只有现场看房后才能发现宣传和现实的差距，真是让人哭笑不得。

如果前面提到的这些套路只是宣传上“适度夸张”的话，那么开发商的以下几种行为就属于赤裸裸的虚假宣传了。

【套路一】画大饼

开发商的宣传语中经常出现如下字段：万亩公园在旁，几大商圈环绕，数条地铁穿行，医院、学校齐全。给人的感觉这简直就是CBD（中央商务区）旁的城市绿肺嘛。到了实地看房时才发现，郊外的工业区旁边，沙尘肆虐的朦胧中，几栋孤零零的住宅才是真相。原来广告里的商圈、公园、地铁都只是规划中的远景，这些大饼以后能不能兑现还不好说。这种故意不标明规划信息，刻意误导消费者的行为，属于典型的虚假宣传。

【套路二】价格陷阱

售楼广告中常会有一个诱人的起价，让人感觉买到就是赚到。当购房者纷纷赶到售楼处要求购买低价房时，才发现实际上该价位的房子根本不存在，这不过是开发商为吸引购房者目光而要的一种促销手段而已，这同样也是一种虚假宣传。

【套路三】恶意造势

为造成“一房难求”的假象，开发商还会在广告语中使用“秒杀”“爆抢”“万人疯抢”“全民抢购”“没有再便宜的了、错过就没有机会”等类似的诱导性语言进行造势。

【套路四】偷工减料

这种行为也是开发商虚假宣传中最恶劣的行为。例如，开发商宣传的泳池、花园在交房后都没有了，宣传是海景房、河景房却看不到一点景观，宣传中的楼层高、电梯设置等与实际不符。

当购房者发现开发商存在上述虚假宣传时，可以直接向工商部门举报，工商部门将依法做出处罚。

需要特别指出的是，针对类似【套路四】的严重虚假宣传，已经上当受骗的购房者除了举报外，还可以向开发商提起民事诉讼，以民事欺诈为由要求撤销购房合同并让开发商赔偿损失。

在起诉时，如果开发商的购房合同中已经明确地对小区的绿化、泳池、花园、装饰装修等进行了约定，而事后发现这些约定都没有实现，那么可以直接根据购房合同作为起诉依据。

如果购房合同中没有类似内容的，购房者则要注意搜集开发商对楼盘的宣传册、广告彩页、样板房照片、小区规划图或其他宣传资料，这些资料中很多都可以被认定为法律上的要约，可以视为合同的一部分。只要法院查明了开发商的行为确实属于欺诈，且起诉时开发商又无法兑现当时的承诺，法院一般会支持消费者的主张，根据具体的情况确定赔偿金额。

当然，由于房产属于特殊商品，一般金额较大，法院在适用惩罚性赔偿时也会非常慎重，实践中购房者的诉求被驳回的案例也不鲜见，在碰到类似的大额索赔时，最好在听取专业人士的建议后再进行诉讼。

房价上涨了，房东不卖了，可以让他赔多少？

在房价疯涨的时候，市场上的房子是稀缺品。大部分房东都想要把房子卖在最高价上，所以很多人在卖房的时候不是待价而沽就是骑驴找马。如果说前者是正常市场行为的话，后者就明显“不厚道”了。

签了合同，付了定金，因为房价上涨或其他人出高价，房东突然不卖了。这种情况怎么办？

略懂些法律的朋友可能都能说出个大概，比如主张“定金罚则”“违约金”之类。但如果再深入一点提问，什么时候用定金罚则？什么时候主张违约金？哪种情况能实现自己利益的最大化？可能很多人就答不上来了。实际上，起诉伊始，确定正确的诉讼策略尤为重要，否则就算赢了官司，却没能得到应有的赔偿，那可真是哑巴吃黄连——有苦说不出。

定金罚则是一种对合同违约方的惩罚制度。

法律条文

《中华人民共和国民法典》第五百八十七条规定："债务人履行债务的，定金应当抵作价款或者收回。给付定金的一方不履行债务或者履行债务不符合约定，致使不能实现合同目的的，无权请求返还定金；收受定金的一方不履行债务或者履行债务不符合约定，致使不能实现合同目的的，应当双倍返还定金。"

上面这段话意思很明确：**付定金的人违约，定金没收，收定金的人违约，双倍赔偿**。根据这一规定，如果房东收了定金后反悔，那么购房者当然可以要求房东双倍返还定金。

除此之外，购房合同中往往还会规定违约金，违约金同样是为了约束合同双方按照合同的内容进行交易。在任何一方违反合同约定时，另一方就可以要求对方支付违约金。在房东不卖房的问题上，又多了一个选项：主张违约金。

这时肯定有人要说："前面的问题我能回答了，要想让对方多赔点，当然是违约金和定金罚则一起主张喽。"这位同学，你先坐下。根据法律规定，支付违约金和双倍返还定金只能二选其一。

法律条文

《中华人民共和国民法典》第五百八十八条规定：当事人既约定违约金，又约定定金的，一方违约时，对方可以选择适用违约金或者定金条款。

在面临二选一的问题上，要十分慎重，选得不好可能损失惨重。不同的情况下要进行不同的选择：

案例一：小明以100万元的价格买了套二手房，支付了20万元定金，合同约定违约金为30万元，后来房东反悔了，小明想要起诉的话应该怎么主张金额？

此时，如果小明选择定金罚则，那么房东要退回20万元定金，还要赔偿另外的20万元。小明获利20万元。如果选择违约金，那么可以要求房东先返还20万元定金，再支付30万元违约金，此时小明获利30万元。所以这个时候，应该选择违约金的主张。

案例二：小明以100万元的价格买了套二手房，支付了20万元定金，合同约定违约金为10万元，后来房东反悔了，小明想要起诉应该怎么主张金额？

在这个案例中，由于违约金的金额低于定金，此时选择违约金模式则只能得到10万元赔偿，而选择定金罚则可以得到20万元赔偿，显然此时应选择定金罚则。

除此之外，还有一种情况比较特殊，房东签了合同收了定金后为了涨价故意拖延，导致没能成交。购房者只能被迫去买其他的房子，而此时的房价已经比签合同时高了不少，已经不是几万元的违约金、定金能够弥补的了。碰到这种情况，购房者除了主张定金或者违约金的赔偿外，还可以向房东主张差价部分的损失。

这里就有一个类似的案例：

2015 年 12 月，东莞的廖先生与卖家陈某签订了购房合同，以 128 万元的价格购买了陈某位于松山湖科技产业园的一套房子，定金为 10 万元。合同签订没多久，东莞的房价大涨，陈某便开始找各种借口拖延办理过户手续，几个月后，陈某明确表示房子不卖了。廖先生起诉到法院称：由于陈某的违约行为，自己要购买同小区、同户型、同面积的房产至少要再支付差价 130 万元左右，要求陈某赔偿房屋差价损失 139 万元。法院经审理，根据《中华人民共和国民法典》第五百七十七条规定："当事人一方不履行合同义务或者履行合同义务不符合约定的，应当承担继续履行、采取补救措施或者赔偿损失等违约责任。"最终判决陈某退还廖先生定金 10 万元，同时赔偿廖先生房屋差价损失 139 万元及中介费 3.8 万元。

一纸购房合同，看上去单薄无力，却是具有法律约束力的，不管是购房者还是卖房者，都要有契约精神，依约行事，不要到对簿公堂时才发现违约的后果原来这么严重。

被限购了怎么办？借名买房如何保障周全？

近年来，每一波楼市大涨、全民疯抢的热火，总会被限购、限贷政策浇熄，很多捧着现金还没来得及上车的购房者也就这样被挡在了门外。买不到房，引发了极大的恐慌，毕竟每一次限购、限贷取消后，房价报复性的反弹是非常可怕的。为了不让恐慌变成绝望，很多购房者选择铤而走险，操作起了自己并不太熟悉的“借名买房”。

“借名买房”似乎听起来很简单，找到合适的“房票”——以他的名义先买下——符合条件后过户，看似顺理成章。但实际上，“借名买房”的每一个环节都有法律陷阱，日后有可能损失惨重。

武汉市硚口区的高先生就在“借名买房”的问题上栽了大跟头。几年前，高先生用他人的名义买了位于硚口区的一套房产，当时高先生支付了购房款，还跟对方签订了借款协议。房产买下后高先生就搬进去住了，但房屋的产权一直登记在对方的名下。本来这种状态一直持续，两方相安无事。但到2016年，武汉的房价已经涨了不少，对方突然翻脸不认账，说房子是自己的，要把高先生赶出房子，最终闹上法庭。在案件的审理过程中，高先生无法拿出证据证明自己才是房屋的真正权利人，法院也没有支持高先生的主张。最终，面对已经大幅增值的房产，高先生作为实际出资人不但不能拥有，也不能居住，可谓是教训深刻。

要想避免重蹈高先生的覆辙，就要对“借名买房”的法律风险有一个充分的评估。

虽然全国大多数法院还是支持合法“借名买房”的，有些地方还有明确的规范性文件，但在具体操作时仍然要注意以下几处风险：

（1）首先要审查购买房屋的性质。如果你要购买的房屋不是普通的商品房，而是经济适用房、限价房等具有保障性质的住房时，由于可能损害到低收入人群的利益，违反社会公共利益，这样的“借名买房”最终很有可能不被法院认可。

（2）在“借名买房”时，要签订专业、严谨的购房协议，要约定清楚双方的权利义务，明确自己是房屋的真正出资人和后续的权利人。要保留好汇款单、按揭还款单、完税凭证、各种等级税费凭证等。同时需要注意的是，在汇款时一定要备注是哪所房屋的购房款。

（3）购房后要警惕对方反悔。实践中最常出现的情况就是，对方不付房贷导致房屋被法院查封；对方因牟利把房屋转卖给第三人；对方由于其他债务问题，房屋被法院执行；对方离婚、死亡产生房屋的分割和继承，等等。此时需要密切关注对方的资信情况变化和房屋的权属情况，必要的时候可以通过设立抵押的方式将房屋“锁定”。

（4）在房屋符合过户条件时，应当第一时间要求对方配合过户。

“借名买房”存在很多风险，虽然有些风险可以通过法律措施进行控制，但显然无法做到万无一失。所以在“借名买房”时要充分评估各种可能，一旦决定实施，应当寻求专业律师进行法律设计，以免因小失大。

小产权房为何那么便宜？买小产权房的最大风险是什么？

不少朋友在买房的时候都会发现，同一地段，差不多的户型，相同的面积和楼层，小产权房往往比普通商品房便宜很多。一边是小产权房巨大的价差利诱，一边又受着“便宜没好货”的观念影响，在买不买小产权房的问题上，购房者往往左思右想、举棋不定。

“小产权房”虽然名字里有“产权”二字，实际上却是一种没有土地使用权的房屋。市面上比较常见的小产权房主要是指占用集体土地建起的住宅，比如乡产房、村产房等。而普通的商品住房则都是建设在国有土地上并以出让的方式获得土地使用权的房屋。

普通的商品房在建设前，开发商要通过公开竞拍程序“拿地”，还要支付高昂的土地出让费，才能获得国有土地的使用权。而小产权房占用的是集体土地，不需要支付土地费用。一个是免费的集体土地，一个是收费的国有土地，正是由于两种土地性质的不同，造成了“地价”上的巨大差异。在房屋建筑成本差别不大的情况下，这种“土地价差”

成为小产权房比商品房便宜的根本原因。

买小产权房没法享有合法土地使用权，虽然价格看上去是便宜了，却酝酿着极大的法律风险。

第一，大部分小产权房没法办理房产证。

大量的乡产房、村产房等都没有办法办理房产证，同样也无法办理普通商品房都应具备的“五证”，即土地使用证、建设用地规划许可证、建设工程规划许可证、建筑工程施工许可证及商品房销售（预售）许可证。在没有这些证件的情况下，小产权房就无法和普通商品房一样享受相应的法律保护。

第二，小产权房交易存在风险。

乡产房、村产房是不能向集体成员以外的人转让的。很多地方为了规避这一项，会给买房者办理村民证等证件，企图把小产权房的交易合法化，但实际上这种做法也是无效的。购买这样的小产权房，即便签署了购房合同，支付了价款，也是不受法律保护的。如果存在卖家反悔的情况，购房者的利益就很难得到最大化的实现。此外，作为购买了小产权房的一方，日后想要转让的话也会因为产权的问题比较难出手。

第三，小产权房拆迁难获得补偿。

可能有的人会觉得，自己买小产权房只是为了自住，只要能稳定居住就行了，从来没有想过要转让。但即便是自住也存在不确定的风险。小产权房往往处于城中村或者城乡接合部的区域，在城市规划发生变化时，很有可能面临拆迁的问题。此时，由于购房者不是小产权房的合法所有人，很多情况下很难获得拆迁补偿，还会面临没房子住，也拿不回购房款的窘境。

第四，质量参差不齐。

因为小产权房在建设施工时不像普通商品房一样有着严格的监管，所以工程的质量全看施工方的良心。在实际使用中，很多小产权房出现墙体开裂、房屋漏水等质量问题，也无法达到防风、抗震、防水、消防的建筑规范和标准。出现问题后，责任也很难追究，购房者维权困难。

除此之外，大量的村产房、乡产房还不能办理银行贷款、无法迁入户口等，可谓限制多多。所以，在国家法律政策对小产权房的态度没有明确转向之前，并不建议大家购买小产权房。

房子被群租，法律风险原来这么大？

房东在出租闲置房屋时，最怕碰到的就是房屋被二房东“群租”。原本通透敞亮的房间被二房东隔成一个个小单间，摆上几张上下铺，低价出租给房客们。房客们在沙丁鱼罐头般的环境里居住时，难免会产生一些问题，比如噪声扰民、垃圾乱丢、用电过载等。原本只想安静地收个租，但隔三岔五地接到投诉电话，甚至是物业的整改通知，实在让人头疼。

如果说上面的这些只是小问题的话，群租最大的问题还是安全问题。

2017年，上海市唐山路835弄家化公寓某户高层房屋因为群租发生了火灾。大火扑灭后，房间里早已四壁漆黑，家具、衣物全都烧成了灰烬，只有9张钢制的上下铺还能辨认得出模样。这样一间公寓在事发前被某健身会所用作员工宿舍，不大的公寓里竟然住进了18个人。消防人员通过排查发现，火灾是由房间内的一台空调引起的，这台空调长时间运行导致空调柜着火，最后引燃了整个房屋。这场火灾虽然来势汹汹，但不幸中的万幸是火灾中没有人员伤亡。

在这场群租引发的火灾里，可以给房东算笔账：房屋的装饰装修、家具和电器的毁损是一笔不小的损失，房屋内重新装修的费用以及装修期间的租金也是一笔损失，这场火灾给房屋结构或者邻居家造成了影响，房东还要进行相应的赔偿。最可怕的是，如果在火灾事故中发生了人员伤亡，房东由于管理不善很有可能负有法律上的侵权责任，还要赔偿伤亡人员的医药费、误工费、护理费等各项开支。类似的赔偿可能就不是简简单单的几万元能够解决的了。

除了造成的损失要赔偿外，如果群租被公安部门发现，房东还可能面临高额的行政处罚。例如，《上海市居住房屋租赁管理办法》规定：出租人未落实相应安全管理责任的，由公安部门责令改正，并可处以 1 万元以上 3 万元以下罚款；造成严重后果的，处以 3 万元以上 10 万元以下罚款。**根据这一规定，房东最高将面临 10 万元的罚款**。

巨大的法律风险显然和房屋的租金不成正比，相信在发现群租时，房东们的第一选择一定是想抓紧时间赶走二房东，结束群租的乱象。

但赶走二房东说起来容易，做起来很难。搞群租的二房东大多是不好惹的角色，房东收房就是断了他们的财路，他们往往不会善罢甘休。这个时候理性的沟通协商往往起不到作用，搞不好二房东还有可能赖着不走，吃起了“霸王餐”，因此很多房东也是左右为难。

面对这种情况，主要有两条路可走。

第一，借助行政机关来处理。发现自己的房屋被群租后，应当第一时间向物业、居委会反映情况，同时拨打“12345”市民热线或者房管部门的举报电话进行举报。在这个过程中应当注意保存自己的举报记录，证明自己对制止群租采取了措施，然后等待相关部门来整改。

第二，由于各地的执法水平参差不齐，一味地等待行政部门来处理可能周期较长，所以很多房东选择自己对抗二房东。这个时候涉及的问题就相对复杂了。

（1）要保存好自己和二房东签署的租房合同，确保合同中有明确“禁止群租，否则解约”的相关规定。

（2）实地到群租房屋取证，通过录像、拍照方式记录下多人群租的场景。

（3）通过邮寄方式书面通知二房东因为违反合同约定，现在合同解除，给他合理的期限搬离，同时注意保留好邮寄底单。

（4）在群租房屋处张贴通知，告知租客在期限内搬离，并对张贴的告示拍照。

（5）通知的合理期限到期后，如果房屋仍在群租，可以找搬家公司将房屋内的物品搬离，寄存在第三方仓库中让租客自行领取。搬离的过程中可以找物业或者居委会工作人员全程见证。

（6）换锁，等着二房东上诉。在证据完备的情况下，法院不会支持二房东的诉求，你还可以反诉对方支付搬运费、仓储费等损失。

买房中的“阴阳合同”是什么？“阴阳合同”可能坏大事？

所谓“阴阳合同”就是签订两份内容不一样的合同，内容真实的合同对内，作为双方的凭据，内容虚假的合同对外，达到不可告人的目的。在二手房的交易领域，类似的“阴阳合同”大量存在，无外乎是为了达到两种效果：**做高房价多贷点款或者做低房价少交点税**。

签订“阴阳合同”看似省了税费，多了贷款，实际上相应的法律风险也是巨大的。张女士就曾因为一份“阴阳合同”损失惨重：

张女士和王先生是夫妻关系，婚后女主外男主内，主要由张女士在外打拼，生意非常红火。结婚没多久两人就置办了一套100多平方米的商品房，房款主要是由张女士做生意的盈利来支付的。房子交付后的五年，房价暴涨，张女士就决定把房子卖掉。当时房产中介找到了买家，并建议签订“阴阳合同”来避点税，张女士和王先生没多想就同意了。最终签订了两份合同，真实合同价格为200万元，在房管局备案的合同价格仅为100万元。房子过户后，买家就把购房款支付给了王先生。

没想到，房子售出后的几年里，王先生染上了赌博恶习，每天游手好闲也不顾家，张女士十分委屈，决定和王先生离婚。在分割财产时，张女士提出对当时的200万元卖房款进行均等分割，一人一半。而王先生却辩解说当时房屋的出售价格是100万元，并拿出了备案的合同。

由于张女士没有保存好真实的二手房买卖合同，同时也没能拿出其他证据证明200万元才是当时双方交易的真实价格。因此，法院在结合目前房屋所在地二手房价格合理区间及交易行情的基础上，不予采信张女士的主张，最终张女士只分到了50万元。

一纸“阴阳合同”让张女士直接损失了50万元，实在是惨痛的教训。

“阴阳合同”除了可能导致资金损失外，还有可能产生其他一系列法律风险。

1. 可能会导致购房合同最终无法履行

在“阴阳合同”签订后，房价若出现暴涨或者暴跌，一方就会以存在“阴阳合同”为由，通过宣告无效等诉讼方法来试图解除交易，这样购房时间就会被无限拉长。即便最终守约的一方赢得了官司，也会产生一系列问题，例如原来申请的银行贷款可能无法顺利发放、已经发放的贷款在诉讼期间产生的高额利益以及这段时间内房价变化产生的影响，等等。

此外，如果是买家想要以做高房价的方式多贷款，最终也可能得不偿失。因为在申请按揭贷款时，银行不只会审查合同上的房价，还会根据备案价格和评估价格来综合评定贷款发放数额。如果银行评估后发放的贷款不能达到预期，买家也会面临无钱支付的窘境，最终不但房子买不了，还要承担违约责任。

2. 用“阴阳合同”避税是一种违法行为

从严格意义上讲，“阴阳合同”做低房价的行为实际上是一种偷税行为。

法律条文

《中华人民共和国税收征收管理法》第四十条规定：纳税人采取虚假的纳税申报的手段不缴或者少缴应纳税款的。属于偷税。由税务机关追缴其不缴或者少缴的税款，处以不缴或者少缴的税款5倍以下的罚款。

如果税务机关发现房产交易中存在用“阴阳合同”避税的情况，会根据上述规定，首先追缴偷逃的税款，然后再根据情节的恶劣程度处以相应的罚款。避税不成反被罚款，那可真是偷鸡不成蚀把米。

3. 刑事处罚的风险

要说行政处罚最多罚点钱的话，假如构成犯罪那可就是“人财两空”了。实际上，通过“阴阳合同”进行偷税是有可能构成犯罪的。

法律条文

《中华人民共和国刑法》第二百零一条规定：纳税人不缴或者少缴应纳税款偷税数额占应纳税额的百分之十以上不满百分之三十并且偷税数额在一万元以上不满十万元的，处三年以下有期徒刑或者拘役，并处偷税数额一倍以上五倍以下罚金；偷税数额占应纳税额百分之三十以上并且偷税数额在十万元以上的，处三年以上七年以下有期徒刑并处偷税数额一倍以上五倍以下罚金。

租房碰到黑中介，除了哭还可以做什么？

市面上的租房中介可谓五花八门，正规中介之外，还有一大批不知名的“黑中介”。这些黑中介要么没有资质，要么违规经营，租客们一旦蹚上黑中介，最后的结果肯定是欲哭无泪。

黑中介往往法律意识淡薄，合同、约定都只是他们诱骗和敛财的工具。很多黑中介都会提供虚假的低价房源，把租客诱骗过来再伺机推销其他房源；有些中介则是事前对入住条件许诺得天花乱坠，租客入住后才发现家电故障、网络不通等各种缺陷；还有些中介更为可恶，他们会故意设置强人所难的合同条款，一旦租客违反就扣收押金。当租客对此产生疑问时，原本憨态可掬的嘴脸立马收回。大多数租客在这些黑中介深不见底的套路下，最终都选择了息事宁人。

租房子要擦亮眼睛，想要杜绝黑中介，先要识别黑中介。当然，这些黑中介并不是自带“黑色”皮肤，反倒大多数看起来文质彬彬或憨厚老实，想要看破他们的伪装，需要借助一些手段。

（1）租房时首先要查看中介的工商、税务登记和房屋经纪备案书，三证都无法提供的中介必定没有什么合法经营的意识，掉坑的概率就比较大。

（2）查看和你对接的中介工作人员的经纪人资格证书。有了这本证书，至少说明和你打交道的人在认真对待这份职业，否则很有可能就是社会闲散人员“搭台唱戏”，后续的服务质量就很难保证了。

（3）上网检索中介的“黑料”。除了借助搜索引擎外，还要到有针对性的论坛、网站去检索，比如拟租房附近的小区论坛或者同城租房网站等。如果网上检索到了这家中介的负面消息，或者有其他网友受骗的经历，那估计要慎重租房。

如果上面的几步都做到了还是掉进了陷阱，也不用慌张，这个时候要采取必要的法律手段自救。

如果采用传统的法律手段，可以联系工商部门或拨打市民热线“12345”进行举报，等待有关部门介入处理。如果上述部门的处理力度达不到预期，可以自己收集证据向法院提起诉讼。在起诉时，要注意收集完备的证据，诸如租赁合同、电话录音、看房录像，等等。必要的时候还可以针对性地取证，比如当面交谈时进行录音，引导对方展现真实面目，谈话中体现对方的具体违约、违法行为等。需要注意的是，在录音前需要明确点明对方的身份、双方纠纷之处和自己的需求。例如，可以问该租房黑中介：你是 ×× 中介的 ×× 吗？对方承认即视为确认了身份。

当然，对待黑中介如果只采用传统手段就事论事的话，可能效果并不理想。租客们也要善于发现黑中介的痛处，通过举报、揭发黑中介的其他违规违法经营行为，多面进攻，直击软肋。

（1）对于黑中介没有房屋经纪备案的违法行为，可以直接到当地的住建委举报。住建委作为房地产行业的直接主管部门，相较工商部门更具有针对性，会督促工商部门对黑中介进行处理。此外，如果去工商投诉黑中介，可能还面临工商取证的问题，而直接到住建委举报黑中介未备案，则只需要检索下备案信息就能拿到实证。

（2）到税务部门举报中介机构涉嫌偷逃税款。黑中介收了钱不开发票是常事，这个时候只要保存好付款凭证、租房合同，直接登录税务局网站进行举报就可以了，税务稽查部门会对他们进行相应的处罚。

（3）如果发现黑中介手中的房源存在群租、违法搭建等现象，还可以直接到城管部门或者房管部门举报，通过遏制这些违法行为断了黑中介的财路。

（4）针对一些恶意辱骂甚至实施暴力行为的中介人员，要毫不犹豫地拨打 110 报警。

黑中介毕竟也是要开门做生意，如果碰到这么能“搞大事情”的租客，恐怕也是疲于应对，最终不得不选择和租客私了，换取租客撤回举报。租客们这时不妨先拿回自己应有的补偿，再告诉他们“举报不是投诉，根据法律规定，举报是不能撤销的”，然后深藏功与名。

合租也有这么多坑？怎么避免吃亏上当？

面对高昂的租房价格，大学毕业生、职场新人都会选择合租来分摊成本。除了和好友、同事一起合租外，落单的同学们为了就近上班，很多情况下还不得不和陌生人合租。这些招租信息通常都发布在聊天群、同城网站上，和传统的中介房源有一定的区别。很多人在浏览这些信息的时候往往没有戒备心，殊不知，很多心怀鬼胎的招租者正是利用了这种伪装给未来的“室友”挖下了大坑。

套路一：招租的“室友”其实是专业“二房东”

很多“二房东”会低价租下房屋，然后装修、加上隔断后对外出租。他们除了在传统的租房网站上发布房源信息外，还会打着“合租”的名义招募租客。如果碰到了这样的二房东，不但合租名存实亡，还很有可能演变成群租，最后被政府部门取缔。此外，和二房东打交道，肯定不像和合租室友打交道那么容易，克扣房租、侵犯隐私、安全问题等都需要加以防备。

套路二：室友将各种费用转嫁

我们知道在租房时除了房租外，还要交网络费、电视费、水电费、燃气费、取暖费、物业费等费用。很多情况下，在合租之前一些室友已经拖欠了大量杂七杂八的费用，这时如果室友没有明确告知的话，最终租客和房东结账时就会产生大量理不清的“糊涂账”，产生不必要的纠纷。

套路三：房东不允许合租，室友违约招租

有些房东在出租房屋时明确和租客约定不能进行合租，只能自己居住。但总有一些人不当回事，照样对外征招室友。这种情况下，如果被房东发现存在合租并解除了租赁合同，不但招租的室友要承担违约责任，还会连累你也无房可住。

套路四：室友隐瞒租期，收钱跑路

一些无良室友会在租期临近到期的时候发布招租信息。根据行业惯例，不管是合租还是整租，一般都要“付一押三”。此时如果没弄清楚租客的租期有多长，就懵懵懂懂地把四个月的租金交给了室友，室友脚底抹油跑了，不但房子住不了，租金也是一大把损失。

合租里面的套路五花八门，但解决的方法并不复杂，只要把握好租房合同这个关键，就能以不变应万变。

（1）在确定合租意向后，不要急于付钱，首先应当让室友出示他和房东签订的租房合同。这里要注意审查租房合同中的价格，以防室友加价；审查租房合同的期限，防止室友临近租期届满才招租；审查租房合同的违约条款，看看是否允许合租。

（2）在确定租房合同没有问题时，要争取和房东见面签订补充合同，成为租房合同的共同承租人，这样就可以根据合同保障自己的相关居住利益，否则在产生纠纷时就会比较被动。

（3）如果房东不愿意再另行签订合同，那至少和室友进行书面约定，明确租期、租金、支付方式等，还要把租期内已经产生的其他费用进行核算，并约定具体的分担比例。

（4）最后需要注意的是，尽量避免把房租交给室友，最好直接支付到房东的收款账户，以防室友挪用或者侵吞房租。

租房合同有多重要？签订租房合同要注意哪些事？

“租房一定要签合同”这句话几乎已经成为常识，不过还是有些人在租房时会忽视这个常识。要么是因为碰上强势的房东，要么是碍于面子或嫌麻烦。总之，简单的两句君子之约后，就交钱入住了。租房前看似省了事，一旦日后产生了纠纷就会非常麻烦。

《中华人民共和国民法典》第七百零七条规定：“租赁期限六个月以上的，应当采用书面形式。当事人未采用书面形式，无法确定租赁期限的，视为不定期租赁。”当事人未采用书面形式的，视为不定期租赁。其实法律条文的前半句话不是重点，重点在后半句。如果没有签租房合同，不管租期几个月，都视为不定期租赁，也就是说房东随时可以让租客卷铺盖走人，租客也可以随时通知房东不住了，不需要解释理由，而且还是完全合法的。在这种状态下，想要长租的租客看似安居乐业，实则随时可能无处可住；精心装修、诚心出租的房东也随时可能发现人去楼空。可见，无论是针对房东还是租客，租房合同都非常重要。

在签订租房合同时，要注意约定好几个核心的事项。

1. 住房用途

租赁合同中要明确房屋是用于房客自住、一家居住，还是允许房客与其他人合住，同时还要明确房屋是仅能用于居住，还是可以用于办公或者存放物品等其他用途。

2. 租赁期限

租房一定要约定期限，而且还要约定合法的期限。我国法律对租房的最低期限没有规定，但是最高期限不得超过20年，否则超过20年以上的部分是无效的。在合法的期限内，房东没有特殊情况不得收回房屋，房客也不得提前弃租。到期之后，如果双方不再续租，那么房客就要按时将房屋归还房东。

3. 房东和房客的义务

租房不单单是房东提供房子，房客住进去这么简单，还涉及居住过程中对房屋设备的使用、保养、维修等各种事项。所以在租房合同中应当把相关事项约定明确，例如：

房东要按时交房，添置家具、家电，负责维修家电、家具，保证房屋质量和安全，协助租客申领居住证等事项。

房客要按时付房租，按照约定使用房屋，不得改变房屋结构，爱惜房屋设施设备，按时交纳水电费等。

4. 合同中应当明确房租的金额以及支付的时间段，例如按季度付、半年付或者年付等。同时应当在合同中明确房东的收款账户，避免支付产生纠纷。

5. 是否同意转租

由于租赁期限的限制，租期未到房客不得提前解约。但在租房过程中，房客可能会有工作调动、更换单位、买房等各种情况，涉及换房居住。所以在签订合同的时候就要未雨绸缪，提前和房东就能否转租的问题进行协商并写入合同。

6. 违约责任

没有违约责任的合同是没有约束力的合同。双方可以通过违约责任来约束租金支付、房屋交付以及房屋用途等各方面行为，保障双方都依照合同的约定办事。如果有一方违反合同的约定，守约方就可以根据违约条款要求对方承担相应的违约责任。